MARK B.

BASISWISSEN OSINT

EINE EINFÜHRUNG IN OPEN SOURCE INTELLIGENCE

Impressum

Bibliografische Information der Deutschen Nationalbibliothek:
Die Deutsche Nationalbibliothek verzeichnet diese Publikation in der Deutschen Nationalbibliografie; detaillierte bibliografische Daten sind im Internet über http://dnb.d-nb.de abrufbar.

© 2022-2023 Mark B.

Herstellung und Verlag:
BoD – Books on Demand, Norderstedt

ISBN:
978-3756862399

VORWORT

Open Source Intelligence ist ein Überbegriff für verschiedenste Techniken (*zB Google Dorks*), die es erlauben Suchmaschinen effektiver und zielgerichteter zu nutzen, diverse Webseiten, Datenbanken, Programme und frei zugängliche Daten aus den Datenleaks der letzten Jahre und diversen anderen Quellen.

Wer es versteht diese einzelnen Datenfragmente zu einem Gesamtbild zusammenzusetzen, kann sehr viele Erkenntnisse über einzelne Personen, Projekte oder Organisationen gewinnen.

Vorab will ich ein paar Worte zum Thema Datenschutz verlieren...

Würde heute ein Drogeriemarkt die Namen seiner Kunden und die dazugehörige Liste der favorisierten Kosmetikprodukte veröffentlichen, wäre der Aufschrei groß! Viele Kunden "leaken" diese Daten allerdings unbewusst selber wenn Sie ein Selfie vor dem Badezimmerspiegel aufnehmen und im Hintergrund das halbe Badezimmerregal mitfotografieren!

Natürlich hinkt dieser Vergleich ein wenig, da das Selfie willentlich aufgenommen und gepostet werden würde aber eine Veröffentlichung der eigenen Einkaufsliste ohne Zustimmung würde demjenigen die freie Wahl ob man diese Informationen ins Internet stellt vorenthalten...

Dennoch messen viele Personen aus Unwissenheit mit zweierlei Maß! Man macht sich sorgen, dass eine Supermarktkette anhand der Kundenkarte die Einkäufe auswerten und daraus beispielsweise schließen kann, dass man Kinder hat. Auf der anderen Seite postet die gleiche Person Familienfotos im Internet und "leakt" damit nicht nur die Tatsache das sie Kinder hat, sondern auch gleich deren Gesichter und dank dem Kommentar der Oma, dass *"Thomas im neuen Sweater soooo süß aussieht"*, wurde auch gleich der Name und das Geschlecht des Kleinkindes verraten!

Jetzt fehlt nur noch, dass die beste Freundin das Bild mit einem "Like" versieht und es teilt damit auch viele Freunde der Freundin, die die Mutter nicht mehr kennt auch aktiv auf das Bild und die Familie aufmerksam gemacht wurden.

Hierbei ist der falsche Umgang mit privaten Daten nichts neues und auch kein Phänomen des Internets wie viele glauben. Seit den späten 1970er und frühen 1980er Jahren gibt es Adressverlage in Deutschland und Österreich, die mit Lifestyle-Fragebögen, die Haushalten per Post zugestellt wurden, Befragungen durchführten, um mehr über die Wohnsituation, Versicherungen, Kinder, Interessen, etc. der Personen zu erfahren.

Außerdem wurden Daten aus dem Versandhandel und aus Anzeigen (*Autoverkauf, Immobilienmarkt, Tod, ...*) zusätzlich genutzt, um die Adressdatenbank und die Profile der Leute möglichst aktuell und vollständig zu halten.

Soziale Medien und das Internet haben den Leuten nur eine Bühne geboten auf denen Sie im Rampenlicht stehen können. Leider vergessen viele hierbei, dass im Internet gilt: *"Alles was Sie sagen kann und wird gegen Sie verwendet werden!"*

Datenschutz ist durchaus wichtig, fängt aber nicht bei Firmen an die Werbung machen wollen, sondern bei jedem selbst! Ich als Pentester nutze regelmäßig die Datenspuren und vielen kleinen Informationsfetzen die Personen im Internet hinterlassen, um Dinge wie Passwörter zu erraten. Nutzt man den Vornamen des Kindes und dessen Geburtsdatum als Passwort, ist dieses im Zweifelsfall mit einer einfachen Suche auf Facebook gefunden!

Im Internet finden sich heute viel mehr Informationen über viele von uns, die wenn man sie zu einem Gesamtbild zusammenführt, ein viel umfangreicheres Profil ergeben als es jeder Werbetreibende führen würde oder dürfte! Das Fatale ist hierbei, dass dies jedem offen zur Verfügung steht, da diese Informationen freiwillig ins Internet gestellt wurden! Hierbei nützt es wenig selbst auf den eigenen digitalen Fußabdruck zu achten, wenn der beste Freund dann twittert, wann und wo er sich mit Ihnen auf ein "Bierchen" trifft...

Umso wichtiger ist es, sich damit zu beschäftigen und selber ein Auge darauf zu haben, was im Internet über einen zu finden ist!

INHALT

WAS IST OSINT

OSINT ist die Abkürzung für Open Source Intelligence. Hierbei bezieht sich der Intelligence Teil auf Nachrichtendienstliche Arbeit. Der Open Source Teil steht für frei zugängliche Quellen. Oftmals stellt sich dabei aus der rechtlichen Perspektive die Frage was eigentlich frei zugänglich ist…

Je nach Anwendungsgebiet und Jurisdiktion müssen Anwälte Fragen wie *"Sind Daten die man erst aufrufen kann, wenn man einen kostenlosen Account auf dieser Plattform erstellt noch offen Zugänglich?"* beantworten.

Wir werden uns hier nur mit den verschiedenen Tools und Techniken beschäftigen. Ich werde hierbei meiner persönlichen Definition folgen und auch Informationen die man nur über so-genannte Sockpuppet-Accounts oder kostenpflichtige Abos erhält, als frei zugänglich werten. Was Sockpuppet-Accounts genau sind klären wir im nächsten Kapitel.

Außerdem werde ich auch einige kostenpflichtige Tools vorstellen, die frei zugängliche Informationen zusammenführen und für Sie aufbereiten und analysieren um Ihnen Arbeit zu ersparen. Wenn Sie erst verstanden haben wie viel Arbeit es ist bestimmte Dinge von Hand zu machen, werden Sie das ein- oder andere Tool sehr schnell zu schätzen wissen, dass Ihnen einiges an Arbeit für ein paar Euro monatlich abnimmt. Wer OSINT beruflich oder zumindest regelmäßig nutzt, wird sehr schnell die Vorteile hiervon erkennen.

Wie exakt man sich an rechtliche Rahmenbedingungen halten muss, liegt auch daran für welchen Zweck man OSINT verwendet. Jemand der in der Strafverfolgung arbeitet wird hierbei genau auf rechtliche Vorgaben achten müssen und selbst Grauzonen vermeiden, da sonst gefundene Beweise nicht gerichtlich verwertbar sein werden!

Macht man die OSINT-Untersuchung als erste Stufe eines Pentests oder um im Auftrag einer Firma zu recherchieren ob eventuell Informationen geleakt wurden, kann man auch gern entsprechende Grauzonen betreten. Für einen potentiellen Angreifer würde das Erstellen eines Accounts zu recherchezwecken sicher keine Hürde darstellen und das würde auch keinen Angreifer von seinem Vorhaben abbringen.

Als Pentester ist es zwar unerlässlich sich professionell zu verhalten und an die zuvor gesteckten Rahmenbedingungen (*zB Limitierung auf bestimmte Tools, Systeme, Zeiten, etc.*) zu halten aber ich habe bei der Recherche kein Problem damit in den "dunkelsten

Ecken" des Internets oder Darknets nach geleakten Daten zu suchen die mir einen Angriff ermöglichen oder erleichtern.

In der Regel wird die Recherche in den Rahmenbedingungen eines Pentests auch nicht auf bestimmte Dinge eingeschränkt.

Bei einem Fall von einer Recherche für eine Strafverfolgungsbehörde würde ich aber unbedingt zuvor abklären ob das mit einbeziehen von gestohlenen Daten aus Leaks oder der Zukauf von Informationen im Darknet rechtlich noch in Rahmen ist.

Hierbei folgen wir auch dem so-genannten Intelligence-Lifecycle:

Planung -> Sammeln von Informationen -> Verarbeiten -> Analyse -> Berichterstellung

SOCKPUPPET-ACCOUNTS

Im OSINT-Umfeld bezeichnet man Fake-Accounts auf falsche Namen als Sockpuppet-Accounts. Diese nutzt man um anonym zu recherchieren und nicht die eigene Identität zu verraten.

Viele von uns haben eigene Accounts auf den diversen sozialen Medien und wir wollen nicht, dass unsere Ziele Informationen über uns erhalten und dann den Spieß einfach umdrehen können. Daher nutzt man Sockpuppet-Accounts.

Je nach Dienst braucht man auch einige Zeit um diese Accounts aufzubauen. Bei Facebook wird man recht schnell gesperrt, wenn man als ganz neuer Account erstmal anfängt sich in vielen Gruppen anzumelden, etc.

Daher empfehle ich auch die engere Zusammenarbeit einiger OSINT-Analysten. So kann man seine Sockpuppet-Accounts mit den Sockpuppets der anderen befreunden und sich dann langsam an ein vollständiges Profil mit einigen Infos zur Person und einigen Freunden herantasten.

Einen solchen Account aufzubauen kann durchaus auch einige Zeit dauern und es ist nicht ungewöhnlich über einige Wochen hinweg einige Arbeitsstunden in solche Accounts zu investieren. Daher sollte man entsprechend 2 oder 3 solcher Accounts für die gängigen sozialen Medien vorbereitet haben um gleich loslegen zu können, wenn man eine Untersuchung beginnt.

Das bringt uns aber zum nächsten Problem... Die meisten sozialen Medien wollen ein Profilbild einer Person haben und daher brauchen wir ein Bild einer anderen Person. Einfach ein Bild aus dem Internet zu stehlen wäre einerseits illegal und andererseits wäre ein Account mit so einem Bild auch recht einfach als Fake-Account mit einer einfachen Bildsuche zu enttarnen. Glücklicherweise gibt es einige Webseiten auf denen wir uns von einer Künstlichen Intelligenz Bilder völlig zufälliger Personen generieren lassen können:

- `https://thispersondoesnotexist.com/`
- `https://this-person-does-not-exist.com/en`
- `https://generated.photos/faces`

Mit Hilfe einer dieser Seiten habe ich die folgenden Bilder generiert:

Wir sehen hier Bilder von Personen die nicht existieren und die so nicht im Internet zu finden sind. Hierbei sind alle Altersgruppen und Ethnien vertreten allerdings sehen wir auch anhand des letzten Bildes gut, dass die KI mit angeschnittenen Gesichtern gar nicht gut klarkommt. Wir müssen uns also etwas Zeit nehmen und auch auf den Hintergrund achten, wenn wir solche Bilder generieren lassen…

Als OpSec (*Operational Security*) Maßnahme sollten diese Accounts niemals von Ihrer echten IP-Adresse oder mit Geräten, die persönliche Daten von Ihnen enthalten benutzt werden um ein versehentliches Datenleck zu vermeiden.

Hardware ist heute sehr günstig und man bekommt für ein paar hundert Euro einen gut brauchbaren Laptop und für unter 100 Euro ein gebrauchtes Mobiltelefon. Notfalls kann man einen virtuellen PC nutzen aber nehmen Sie keinesfalls einen Rechner oder ein Telefon mit dem Sie sich bei Ihren realen Accounts eingeloggt haben!

Viele Dienste verlangen auch eine Verifizierung mit einer Telefonnummer. Im eigenen Land wäre eine Prepaid SIM-Karte die einfachste Lösung aber in anderen Ländern wird es schwerer – so würde ich nicht unbedingt nach Amerika fliegen wollen, nur um eine SIM-Karte zu kaufen. Hier helfen mir dann VoIP (*Voice over IP*) Anbieter weiter.

Außerdem sollte es auf diesen Accounts Content geben und diese Accounts sollten mehr oder weniger aktiv sein. Wir wollen unter allen Umständen vermeiden, dass jemand den Account und die Intentionen des Accounts hinterfragt. Vielen wird es auffallen, wenn ein Account der quasi völlig leer ist und keinen Content und keine Kontakte hat sich plötzlich für sie interessiert. Das gleiche gilt für einen Account der 3 Jahre lang nichts gemacht hat und dann plötzlich wieder aktiv wird nur um sich mit jemand fremden anzufreunden und der Person in Gruppen, etc. zu folgen!

Natürlich müssen wir dies nicht übertreiben und jeden Tag zig Posts produzieren. Ein paar Posts pro Monat sind aber schon zu empfehlen.

Die eigene IP können Sie einfach mit einem VPN verschleiern. Sie versuchen schließlich nicht sich vor einer Regierungsbehörde zu verstecken, sondern vor einem normalen Menschen. Je nach dem was Sie recherchieren, kann die Person aber entsprechendes technisches Know-How haben und dann sollte man zumindest die wichtigsten Vorsichtsmaßnahmen getroffen haben, dass man nicht mit einer einfachen Google-Suche als OSINT-Analyst identifiziert werden kann und dass niemand anhand der IP Ihre Firma ermitteln kann um auf der Homepage nachzulesen, dass diese Firma OSINT-Analysen anbietet.

Eine Seite die Ihnen hilft einen Fake-Namen und eine Fake-Adresse sowie weitere Angaben zu generieren ist Folgende:

`https://www.fakenamegenerator.com`

Wobei ich kein Freund davon bin, dass diese Fake-Adressen nicht existieren. Die Städte und Postleitzahlen sind richtig aber die Straßennahmen sind frei Erfunden und in der Regel nicht in der Stadt zu finden. Solche Dinge könnten schnell jemanden auffallen. Daher rate ich dazu eine Adresse lieber selbst zu recherchieren. Zur Generierung von glaubhaften ausländischen Namen ist dieses Tool genial.

Ich bevorzuge es Accounts passend zum Ziel zu nutzen und so würde ich versuchen eine Frau eher mit einem attraktiven Mann oder einen Mann mit einer attraktiven Frau zu ködern sofern ich nicht zuvor Anzeichen oder eindeutige Hinweise auf eine homosexuelle Orientierung gefunden habe. Auch hier gilt meist: *Sex sells!* Eine weitere Strategie ist es, das Ziel der Untersuchung in eine Vorbildrolle zu stecken. So werden viele darauf anspringen, wenn Sie von einer Person bewundernd nach Hilfe gefragt werden denn die meisten Menschen profilieren sich gern und sonnen sich in der Bewunderung und Anerkennung anderer.

Hier haben wir auch einige Elemente, die stark mit Social Engineering zusammenhängen…

Weitere nützliche Dienste wären:

- `https://privacy.com`
- `https://vivid.money/en-eu`

Damit können Sie eine virtuelle Kreditkarte erstellen und diese Kreditkarte mit einem bestimmten Betrag aufladen.

Natürlich gibt es alle möglichen anderen Generatoren um sich Häuser, Autos, etc. generieren zu lassen. Ein Beispiel hierfür wäre: `https://thishousedoesnotexist.org`

Allerdings sehen die Bilder aus als wären sie aus einem Hochglanz-Architekturmagazin. Sie sind also eher etwas für eine Immobilienanzeige als für ein Social Media Profil.

SUCHMASCHINEN OPERATOREN

Die erste Anlaufstelle bei der Suche nach Informationen sind für den Großteil der Menschheit Suchmaschinen. Diese Webseiten erlauben es die Informationen des Internets nach bestimmten Begriffen zu durchsuchen – zumindest jene Teile, die von der Suchmaschine aufgenommen wurden.

Hierbei bieten die verschiedensten Suchmaschinen (*Google, Bing, Yandex, Duckduckgo, …*) in der Regel verschiedene Ergebnisse, da diese die einzelnen Seiten unterschiedlich bewerten, auf unterschiedliche Datenstände auf Grund der Indexierung zu unterschiedlichen Zeitpunkten zugreifen und weil unterschiedliche Suchmaschinen in manchen Bereichen auch andere URLs aufgenommen haben.

Es macht also durchaus Sinn, die gleiche Suche bei den verschiedenen Suchmaschinen auszuführen um andere Treffer zu bekommen!

Das größte Problem bei Suchmaschinen ist die schiere Menge an Informationen zu den meisten Themen. Niemand will sich durch Millionen von Treffern klicken und kein Kunde wird die Kosten eines solchen Vorgehens abnicken. Also müssen wir als OSINT-Analysten wissen wie wir aus der Menge an Informationen die relevanten Dinge herausfiltern.

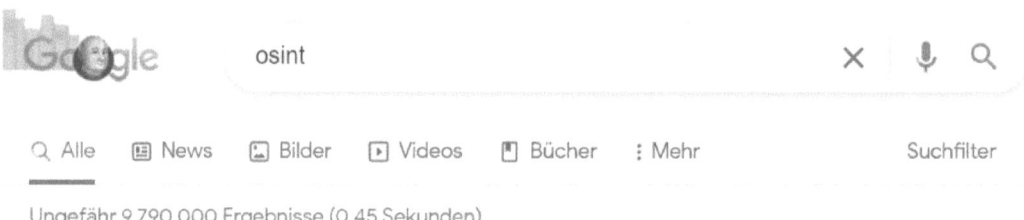

Die einfachste Methode dies zu erreichen ist es die Suchergebnisse nach Typ (*Bild, Nachrichten, Produkte aus Webshops, etc.*) oder nach dem Zeitpunkt (*Letzten 24 Stunden, Letztes Jahr, …*) grob einzugrenzen.

Hierzu können wir die oben dargestellte Leiste nutzen um zwischen den einzelnen Kategorien zu wechseln oder die Suchfilter aktivieren um zB eine zeitliche Eingrenzung einzustellen.

Wir haben damit aber nur eine sehr grobe Einteilung und oftmals wissen wir nicht mal ob wir interessante Informationen auf einer Webseite oder in einem Zeitungsartikel finden... Daher brauchen wir bessere Optionen um noch genauer zu filtern!

Hier kommen die Operatoren der Suchmaschinen ins Spiel – diese sind auf den meisten Suchmaschinen gleich oder sehr ähnlich. Ich werde hier für die Demonstration Google verwenden und überlasse es Ihnen als kleine Übung die Unterschiede bei anderen Suchmaschinen herauszufinden.

`site:[domain]`
... beschränkt die Suchergebnisse auf jene die von der spezifizierten Domain stammen.

`"exakt so gesuchter text"`
... wenn wir Suchbegriffe in Anführungszeichen setzen, werden uns nur Ergebnisse gezeigt die den exakten Text enthalten. Eine Suche nach `Mark Berger` bringt alle Seiten die `Mark` oder `Berger` enthalten wohingegen die Suche nach `"Mark Berger"` nur Seiten bringt, die diesen Text in dieser Schreibweise enthalten.

`[Begriff 1] AND [Begriff 2]`
... sorgt dafür, dass nur Seiten gezeigt werden, die alle mit `AND` verknüpften Begriffe enthalten – so würde `Feuer AND Eis` nur Seiten bringen, die sowohl das Wort Feuer als auch das Wort Eis enthalten.

`[Begriff 1] OR [Begriff 2]`
... ist das Gegenteil von `AND` und bringt uns Seiten die entweder Begriff 1 oder Begriff 2 enthalten.

Natürlich kann man `AND` und `OR` mit mehr als 2 Begriffen verwenden und auch mischen. Dann stellt sich aber die Frage wie zB `A AND B OR C` zu verstehen ist... Hier können wir wie in der Mathematik mit `(` und `)` arbeiten wobei hier auch wieder das zuerst ausgewertet wird, was in Klammern steht.

`*`
... kann als Platzhalter für etwas benutzt werden – so liefert eine Suche nach `der * Zoo` Ergebnisse wie "der Wiener Zoo", "der Prager Zoo" oder "der Berliner Zoo".

```
ext:[extention]
filetype:[extention]
```
… damit werden Suchergebnisse auf einen bestimmten Dateityp eingeschränkt – zB: `ext:bak` bringt nur Ergebnisse die in Backup-Dateien (`.bak`) gefunden wurden. So kann man oftmals alte Versionen von Programmdateien der Webseite finden, die versehentlich hochgeladen wurden.

```
-[Begriff]
```
… mit dem - Zeichen können wir einen Begriff exkludieren. Eine Suche nach `Paris -Hilton` würde uns Ergebnisse zu Paris bringen aber nicht nur alles zu "Paris Hilton" ausschließen, sondern auch alle Hilton-Hotels in Paris.

Wir müssen also genau überlegen wie wir Operatoren einsetzen um nicht versehentlich die falschen Dinge auszuschließen…

```
intitle:[Begriff]
intext:[Begriff]
inurl:[Begriff]
```
… damit lassen sich die Suchergebnisse auf jene eingrenzen, die den gesuchten Begriff im Titel, im Text des Dokuments oder in der URL-Zeile haben.

Eine Hilfe für diejenigen die sich die einzelnen Operatoren nicht merken können finden Sie unter: `https://www.google.com/advanced_search`

Mit der erweiterten Suche können Sie sich die gewünschten Operatoren in einer Eingabemaske zusammenstellen und die Suchergebnisse auch auf ein bestimmtes Land oder auf eine bestimmte Sprache eingrenzen.

Wenn Sie einen Beweis dafür wollen wie mächtig diese Tools sind, sehen Sie sich doch die Ergebnisse der folgenden Suche an:

```
(ext:inc OR ext:bak) AND intext:password
```

Diese Suche liefert `.inc` oder `.bak` Dateien die den Text `passwort` enthalten. So können wir versehentlich hochgeladene Backup-Dateien oder ungewollt indizierte Include-Dateien finden aus denen wir ein Passwort extrahieren könnten.

```
(ext:old OR ext:bak) AND site:example.com
```

Liefert uns alle versehentlich auf `example.com` hochgeladene Backup-Dateien.

BILDSUCHE UND GEOLOKATION

Bilder verraten sehr viel mehr als wir eigentlich glauben. Bei den Sockpuppet-Accounts habe ich die Bildsuche schon erwähnt und hier wollen wir damit arbeiten.

Die einfachste Möglichkeit ein Bild zu überprüfen ist die Bildsuche. Hierbei gilt auch wieder, dass unterschiedliche Suchmaschinen unterschiedlich gute Ergebnisse liefern. Ich persönlich nutze das Plugin "Search by image", welches wir für alle gängigen Browser bekommen.

Mit diesem Plugin kann ich ein Bild in den verschiedensten Suchmaschinen und auch auf diversen anderen Seiten wie Stockfoto-Agenturen suchen. Um dies zu machen, klicken wir ein Bild auf einer Webseite mit Rechts an und dann wählen wir Search by image -> All search engines:

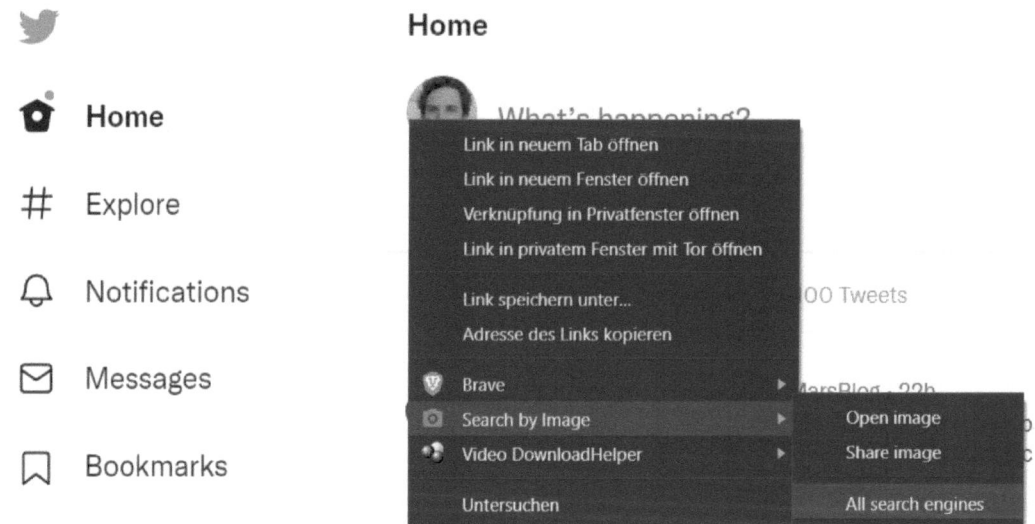

Ich persönlich mag die Bildsuche von Bing sehr da wir damit einen Bildausschnitt festlegen können nach dem gesucht werden soll. Oftmals wollen wir beispielsweise den Aufnahmeort ermitteln. Hierzu brauchen wir dann eventuelle Personen im Vordergrund nicht, sondern nur ein markantes Gebäude im Hintergrund oder ein anderes Bilddetail.

Genau das gleiche erlaubt uns auch das Plugin Search by image!

Manuelle Suche in Google

Sehen wir uns zuerst die manuelle Methode an… Dazu nutzen wir den folgenden Tweet:

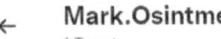
1 Tweet

 Home

Explore

⌂ Notifications

✉ Messages

🔖 Bookmarks

☰ Lists

👤 **Profile**

⋯ More

Mark.Osintme @MarkOsintme · 1m

Endlich angekommen - die Fahrt war lang! Ich gehe jetzt mit Freunden in meiner alten Heimat einen Burger essen…

Um das Foto in voller Größe zu betrachten, klicken wir es an um den Betrachter zu öffnen und dann klicken wir das vergrößerte Bild mit der rechten Maustaste nochmals an. Im Kontext-Menü wählen wir dann "Bild in einem neuen Tab öffnen" aus. Twitter zeigt in Post-Liste eine verkleinerte Version des Bildes aber in der Detailansicht kann man auf das hochgeladene Bild in Originalgröße zugreifen.

Der Post verrät uns schon mal ein paar Dinge:

- Mark lebt scheinbar weiter entfernt von dort wo dieses Bild aufgenommen wurde.
- Der Fahrradkurier trägt eine Jacke – es muss also kühler sein, was auf Frühling oder Herbst hindeutet. Das gleiche gilt für den Fußgänger am Ende des Gehsteigs.
- Die Blätter der Bäume passen zum Herbst aber nicht zum Frühling.
- Unter dem "Halten und Parken verboten" Schild ist ein deutschsprachiger Zusatztext. Nehmen wir jetzt an, wir würden englisch sprechen und daher nicht

wissen, dass der Text in Deutsch ist. Dann könnten wir uns ein Wort heraussuchen und dann in Google die folgende Suche durchführen "ausgenommen english":

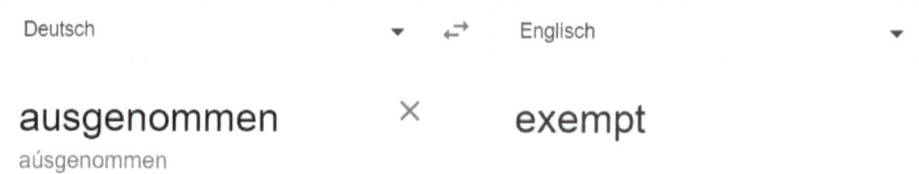

| Deutsch | ▼ ⇄ | Englisch | ▼ |

ausgenommen   ✕   **exempt**
aúsgenommen

Schon würde Google uns verraten, dass dies ein deutsches Wort ist!

- Das Kennzeichen des VW im Vordergrund trägt ein A welches für Austria steht. Es könnte sich also um Österreich handeln, wobei uns Kennzeichen auch in die Irre führen können.
- Wir erkennen aber am Kennzeichen ein Wappen, das wir zur Identifikation nutzen können und im Hintergrund vor dem Gebäude eine Flagge. Deutschsprachige Länder wären Deutschland, Österreich, Lichtenstein und die Schweiz. Wir könnten also die Flaggen dieser Länder und Bundesländer googeln um die Region einzugrenzen.
- Auf dem Gebäude im Hintergrund steht UNIQA mit einem Symbol davor – dies ist offensichtlich ein Firmenlogo.
- Die Szene wirkt auf mich wie aus einer Innenstadt. Das denke ich vor allem wegen der älteren Gebäude.
- Das Restaurant in dem sich die Zielperson treffen will heißt höchstwahrscheinlich "Le Burger".
- Im gesuchten Land herrscht Rechtsverkehr.
- Usw.

Versuchen Sie Bilder zu analysieren und in jedem Bild mindestens 10 Informationen zu finden!

Für diese Übung habe ich mich mit einem VPN nach Kanada verbunden um die Suche wie ein kanadischer Ermittler auszuführen damit Google nicht sofort den richtigen Treffer liefert, wenn man "Le Burger" sucht.

Eine Google-Suche nach "UNIQA" ergab, dass dies eine Dachgesellschaft der größten österreichischen Versicherungen ist. Obwohl diese auch in anderen Ländern aktiv ist, habe ich in Google nach "flags austria yellow red white" gesucht:

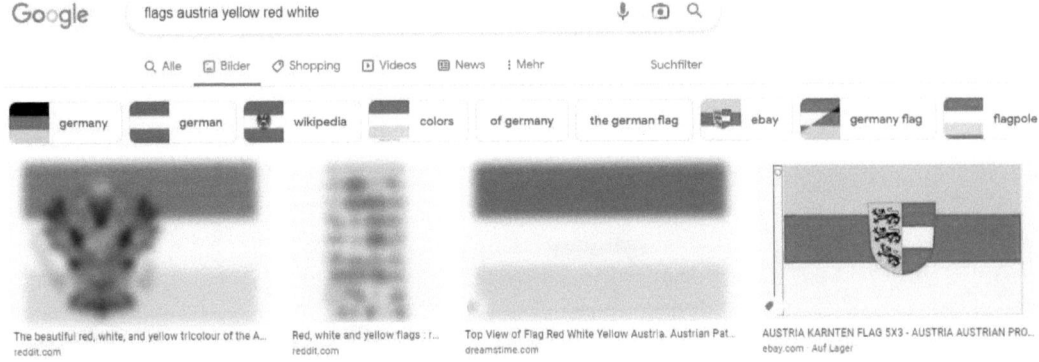

Schließlich haben wir eine österreichische Firma und österreichische Kennzeichen. Daher war es logisch dieses Land als erstes zu betrachten.

Eines der Bilder lieferte dabei gleich einen guten Hinweis. Dieses Wappen stimmt wieder mit dem Wappen auf dem Kennzeichen überein.

Eine Suche nach "austria licence plates" hätte uns folgenden Treffer gebracht:

http://www.worldlicenseplates.com/world/EU_AUST.html

Beide Ergebnisse sagen uns, dass der gesuchte Ort Kärnten ist. Die Flagge vor dem Gebäude ist aber ein deutlicherer Hinweis als das Auto.

Also sucht unser fiktiver kanadischer OSINT-Analyst in Google:

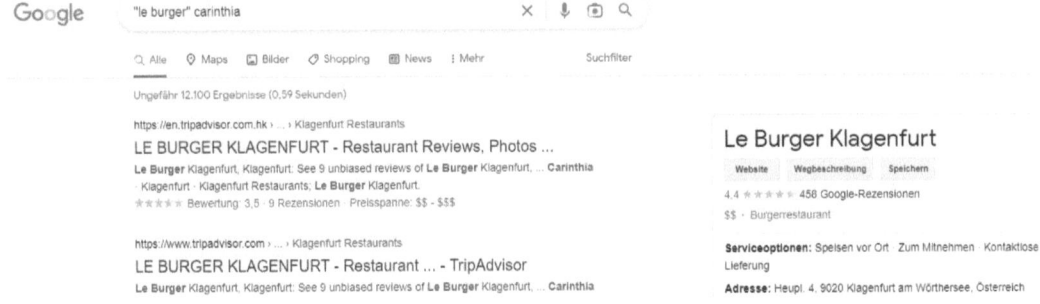

Der erste Treffer ist ein Eintrag bei Tripadvisor und der liefert uns eine Adresse, welche wir in Google StreetView überprüfen können:

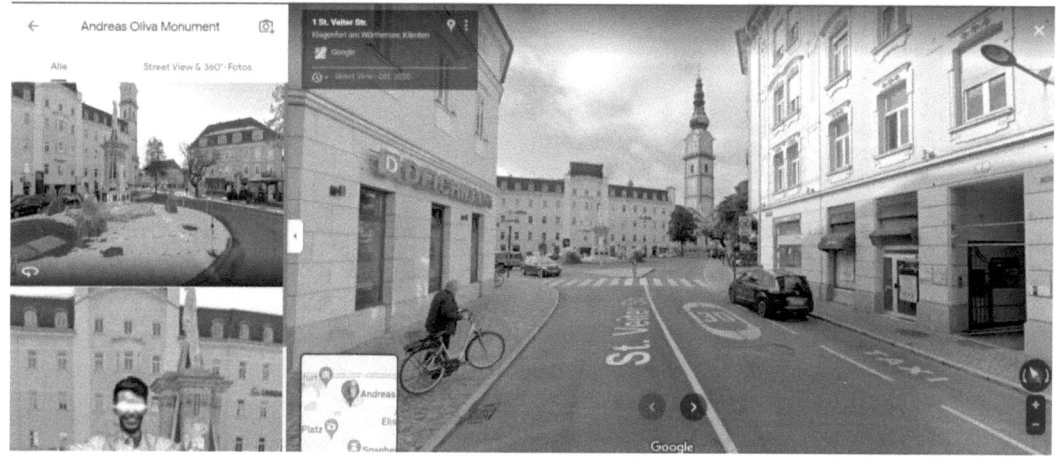

Ich würde sagen, dass wir hier einen Volltreffer haben!

Viele interessante Informationen zur Geolokation finden sich im folgenden Blog-Artikel:

https://somerandomstuff1.wordpress.com/2019/02/08/geoguessr-the-top-tips-tricks-and-techniques/

Bild-Rückwärtssuche

Das ginge in diesem Fall sogar schneller, wenn wir das Plugin Search by image nutzen:

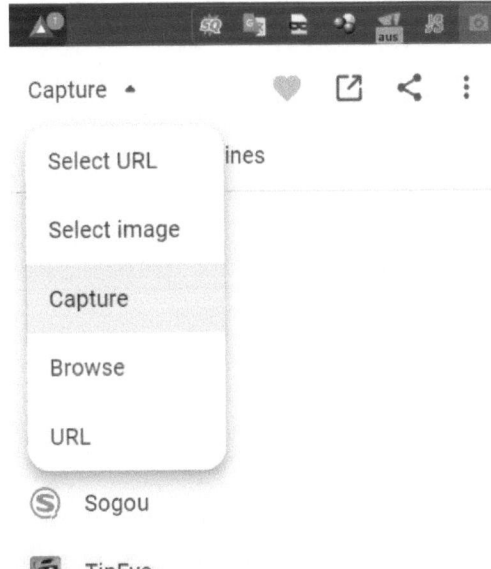

Klicken wir zuerst auf den Button des Plugins in der Symbolleiste. Dadurch öffnet sich das nebenstehend gezeigte Menü.

Dann wählen wir im Dropdown-Menü oben links den Eintrag Capture aus.

Danach können wir auf den Eintrag All search engines in der Liste der Suchoptionen klicken und einen Rahmen um das Logo des Restaurants ziehen:

Nun können wir alle Suchmaschinen mit einem Klick auf Search öffnen – in Bing werden wir fündig:

Dies klappt aber nur je nach Bildausschnitt. Kleinere Korrekturen des Ausschnitts bringen in der Regel andere Ergebnisse. Darum arbeite ich lieber direkt mit Bing:

Der Vorteil bei Bing ist, dass wir den Ausschnitt interaktiv verschieben können. Daher ist Bing meine erste Anlaufstelle für Bildsuchen!

Über die Homepage kommen wir auf die Adresse, die wir dann wieder auf StreetView verifizieren könnten.

Google hat neben Google Images auch noch Google Lens worüber wir auch Bildsuchen durchführen könnten. Google Lens und sehr viele andere Seiten können wir im Plugin Search by image zusätzlich aktivieren. Dazu wählen wir die drei Punkte nachdem wir das zuvor gezeigte Menü mit dem Button in der Symbolleiste aufgerufen haben und dann den Punkt Optionen.

Eine weitere Option wäre es die Statue vor dem Gebäude am Ende der Straße zu wählen. Wenn wir dies machen, werden wir in Google Lens fündig:

Hier muss ich sagen, dass Google Lens mittlerweile ein extrem mächtiges Tool geworden ist, dass man nicht mit der Bildsuche von Google vergleichen kann. Aktivieren Sie Google Lens also unbedingt in den Optionen von Search by image!

Zeitbestimmung durch die Schatten

Jetzt da es uns gelungen ist den Standort zu bestimmen, wollen wir noch herausfinden wie spät es zum Zeitpunkt der Aufnahme war.

Dazu brauchen wir die Datumsangabe von Twitter und die Adresse. Diese Angaben hinterlegen wir auf der Webseite https://www.suncalc.org.

Zuerst suchen wir die Adresse und dann stellen wir das Datum auf den 13.10.2022. Damit wir die Richtung des Schattens besser sehen, stellen wir die Objekt-Höhe (at an object level) auf 5m. Wenn wir nun den Slider oben in der Zeitleiste verschieben, sehen wir den errechneten Schattenverlauf:

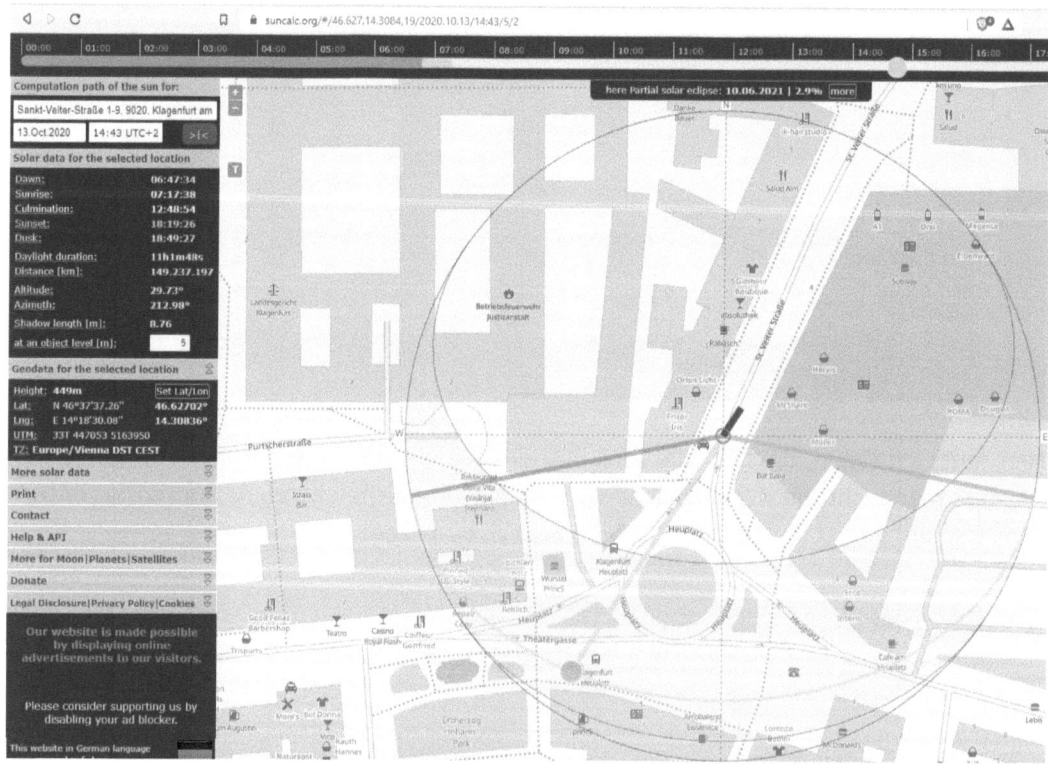

Wenn ich mir das Auto im Vordergrund ansehe, passt der Schattenverlauf der der Straße folgt eher zu 14:45 aber bei den entgegenkommenden Autos, die gerade in die Straße einbiegen, würde eher 16:15 passen:

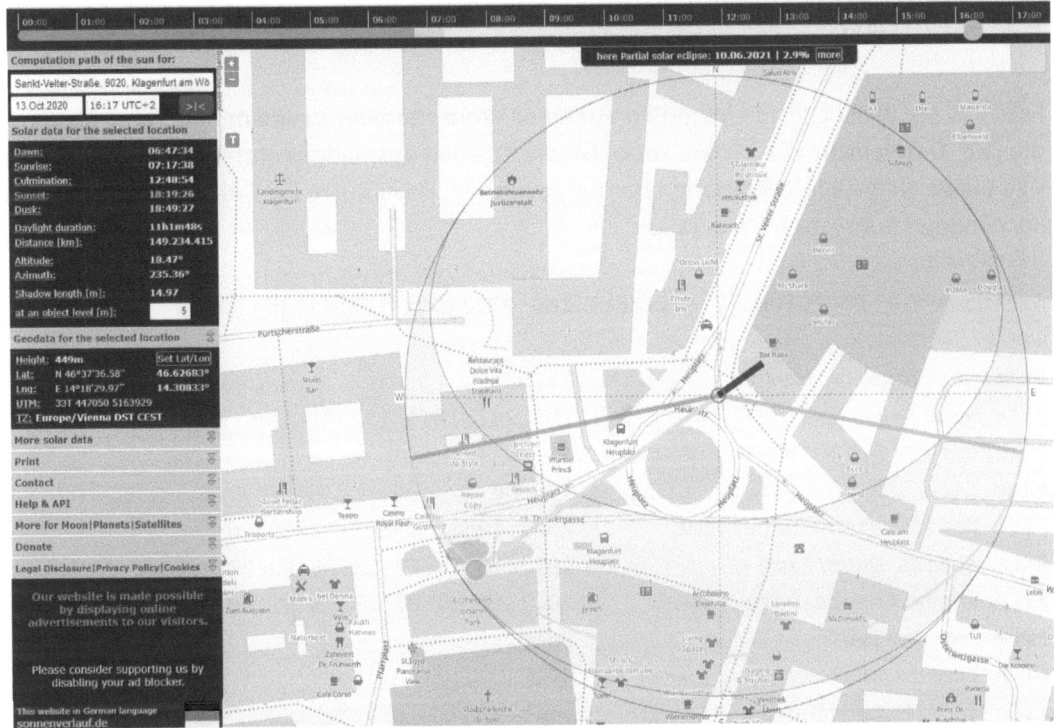

Die Wahrheit liegt mit 15:27 laut den EXIF-Daten ungefähr in der Mitte.

Die Zeitbestimmung ist mit dieser Methode in der Regel nicht sehr exakt aber man kann den Zeitpunkt auf einen Zeitraum eingrenzen.

Natürlich setzt das voraus, dass wir das richtige Datum kennen. Ein paar Tage auf oder ab machen keinen sehr großen Unterschied. Außerdem muss man das Foto mit dem Datum des Posts oder Tweets abgleichen und überlegen ob dies stimmen kann.

Hier würde die herbstliche Stimmung gut zum Oktober passen...

Je präziser das Datum bestimmt werden kann, umso präziser ist die Berechnung der Uhrzeit.

EXIF-Daten

Falls uns die Bildsuche zu einem Bild auf einer Webseite oder in einem Blog führt bei dem
die EXIF-Daten nicht wie in dem social Media Kanälen aus Bildern entfernt werden, lassen
sich einige weitere Informationen daraus gewinnen. Dazu nutze ich ExifTool unter Ubuntu
im Windows Subsystem Linux (WSL):

```
markb@LAPTOP-BA2IOTUR:~$ exiftool IMG_20221011_152541.jpg
```

```
ExifTool Version Number     : 11.88
File Name                   : IMG_20221011_152541.jpg
Directory                   : .
File Size                   : 5.8 MB
File Modification Date/Time  : 2022:10:11 15:25:41+02:00
File Access Date/Time       : 2022:10:14 07:23:45+02:00
File Inode Change Date/Time  : 2022:10:14 07:23:45+02:00
File Permissions            : rwxrwxrwx
File Type                   : JPEG
File Type Extension         : jpg
MIME Type                   : image/jpeg
Exif Byte Order             : Big-endian (Motorola, MM)
Camera Model Name           : S62 Pro
Software                    : S62Pro-user 11 RKQ1.210406.002 1.017.01
Orientation                 : Horizontal (normal)
Modify Date                 : 2022:10:11 15:25:41
Y Cb Cr Positioning         : Centered
ISO                         : 104
Exposure Program            : Not Defined
F Number                    : 1.8
Exposure Time               : 1/3658
Sensing Method              : Unknown (0)
Sub Sec Time Digitized      : 030943
Sub Sec Time Original       : 030943
Sub Sec Time                : 030943
Focal Length                : 4.3 mm
Flash                       : Off, Did not fire
Metering Mode               : Center-weighted average
```

```
Scene Capture Type          : Standard
Interoperability Index      : R98 - DCF basic file (sRGB)
Interoperability Version    : 0100
Focal Length In 35mm Format : 0 mm
Create Date                 : 2022:10:11 15:25:41
Exif Image Height           : 3024
White Balance               : Auto
Date/Time Original          : 2022:10:11 15:25:41
Brightness Value            : 8.1
Exif Image Width            : 4032
Exposure Mode               : Auto
Aperture Value              : 1.8
Components Configuration    : Y, Cb, Cr, -
Color Space                 : sRGB
Scene Type                  : Unknown (0)
Shutter Speed Value         : 1/3656
Exif Version                : 0220
Flashpix Version            : 0100
Resolution Unit             : inches
X Resolution                : 72
Y Resolution                : 72
Make                        : Cat
Thumbnail Offset            : 848
Thumbnail Length            : 15182
Compression                 : JPEG (old-style)
Image Width                 : 4032
Image Height                : 3024
Encoding Process            : Baseline DCT, Huffman coding
Bits Per Sample             : 8
Color Components            : 3
Y Cb Cr Sub Sampling        : YCbCr4:2:0 (2 2)
Aperture                    : 1.8
Image Size                  : 4032x3024
Megapixels                  : 12.2
Shutter Speed               : 1/3658
Create Date                 : 2022:10:11 15:25:41.030943
Date/Time Original          : 2022:10:11 15:25:41.030943
Modify Date                 : 2022:10:11 15:25:41.030943
```

```
Thumbnail Image            : (Binary data 15182 bytes, -b to extract)
Focal Length               : 4.3 mm
Light Value                : 13.5
```

Wären auch GPS-Daten enthalten, würden wir Angaben wie diese vorfinden:

```
GPS Altitude               : 552 m Above Sea Level
GPS Latitude               : 45 deg 34' 44.90" N
GPS Longitude              : 12 deg 16' 47.00" E
GPS Position               : 45 deg 34' 44.90" N, 12 deg 16' 47.00" E
```

Eine einfache Suche nach 45°34'44.9"N 12°16'47.0"E in Google Maps würde dann den Standort bei der Aufnahme anzeigen.

Sie sehen, dass wir in EXIF-Daten viele nützliche Infos finden. Von der Kamera bzw. dem Smartphone über den genauen Aufnahmezeitpunkt und den GPS-Koordinaten bis hin zu Copyright-Vermerken kann alles in EXIF-Daten enthalten sein.

EXIF-Daten sind allerdings sehr einfach zu manipulieren und sollten daher immer kritisch hinterfragt werden!

Alternativ dazu können Sie die Webseite https://exif.tools nutzen.

Bildsuche anhand von Begriffen

Die Bildsuche muss nicht unbedingt immer von einem Bild ausgehen. Um dies zu zeigen, verwende ich folgendes Foto:

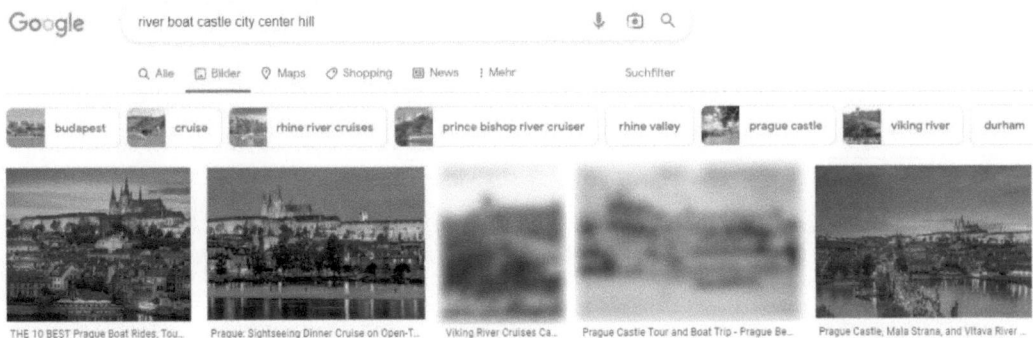

Eine Bildsuche nach "river boat castle city center hill" bringt folgendes:

Hier erkennen wir sehr schnell die Prager Burg auf den gefundenen Bildern wieder. Außerdem stimmt die Brücke überein.

Nicht jedes Bild wird erkannt und eine entsprechende Bildsuche anhand bestimmter Begriffe kann durchaus zu einem Treffer führen.

Oftmals hilft es auch wenn man die von der Bildsuche vorgeschlagenen Begriffe anpasst. Dazu verwenden wir folgendes Bild:

`https://www.pexels.com/de-de/foto/stadt-brucke-fluss-blauer-himmel-12562599`

Die Bildsuche auf Google führt zu folgendem Ergebnis:

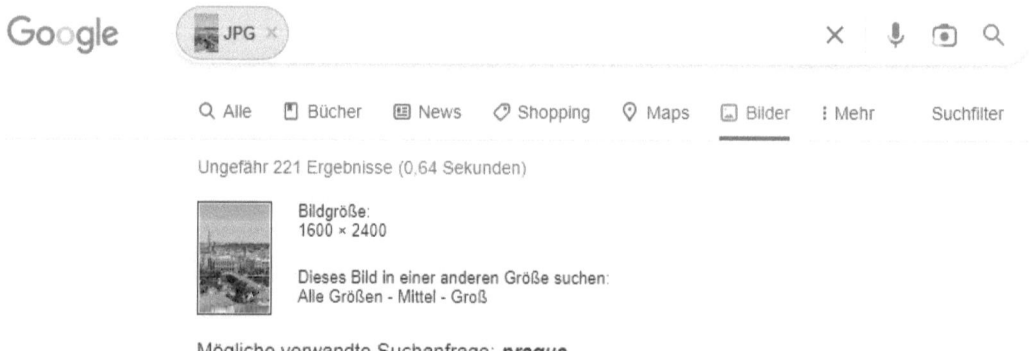

Damit hätten wir die Stadt identifiziert aber uns interessiert wie dieser Turm heißt. Außerdem bekommen wir alle möglichen Bilder aus ganz Prag angezeigt...

Wenn wir den Suchbegriff auf "Tower" ändern, bekommen wir primär Ergebnisse zum "Žižkov Television Tower" angezeigt. So können wir die Ergebnisse einer Bildsuche in vielen Fällen mit einem anderen Begriff weiter einschränken oder präzisieren.

Suche nach Eigenschaften in OpenStreetMap

Es gibt immer wieder Bilder die eben nicht mit einer Bildsuche zu finden sind. Dies trifft auf das Bild aus dem folgenden Tweet zu:

```
https://twitter.com/MarkOsintme/status/1587806440533655553/photo/1
```

Dieses Foto ist nicht mit einer einfachen Bildsuche zu identifizieren aber der Post und das Bild zusammen geben genug Informationen her, um OpenStreetMap zu verwenden.

OpenStreetMap (*OSM*) ist ein Projekt, das frei nutzbare Geodaten sammelt, strukturiert und für die Verwendung durch jeden in einer Datenbank zur Verfügung stellt. Diese Daten stehen unter der so-genannten Open Database License. So erhalten Sie kostenlos Zugriff auf eine Datenbank mit allen möglichen Geoinformationen.

Man kann in OpenStreetMap auch nach Eigenschaften (*Fahrstreifenanzahl, Straßenbelag, Bushaltestellen, Gebäudetyp, Materialien, etc.*) suchen. Dazu verwende ich folgende Webseite:

```
https://overpass-turbo.eu
```

Zuerst müssen wir den passenden Kartenausschnitt aufrufen. Hier haben wir zwei Gebäude im Bild, die mit einer Brücke verbunden sind und der Text des Tweets sagt uns, dass wir in Berlin suchen müssen. Also tippe ich "Berlin" in das Suchfeld oben rechts ein und bestätige das mit Enter. Dann zoome ich die Karte so, dass ich ganz Berlin sehen kann.

Um nach bestimmten Eigenschaften zu suchen klicke ich auf den Wizard-Button und gebe im auftauchenden Popup-Fenster "building=bridge" ein. Damit können wir Gebäude suchen, die auch als Brücke dienen.

Dies generiert den folgenden Code:

```
[out:json][timeout:25];
(
  node["building"="bridge"]({{bbox}});
  way["building"="bridge"]({{bbox}});
  relation["building"="bridge"]({{bbox}});
);

// print results
out body;
>;
out skel qt;
```

Sobald dieser Code dann ausgeführt wird, sehen wir die in Frage kommenden Gebäude:

Hier haben wir einige in ganz Berlin aber diese kann man binnen weniger Minuten alle überprüfen. Dazu klicken wir einen der Punkte an:

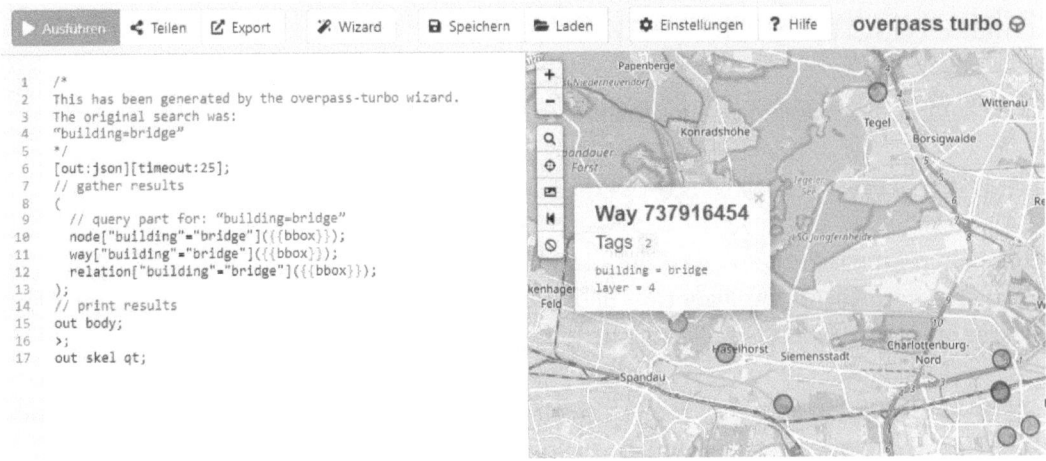

Dann können wir die ID-Nummer des Weges anklicken um die Karte zu sehen:

Hierbei sehen wir dann die entsprechenden Straßenbezeichnungen, die wir in Google Maps bzw. Streetview wieder überprüfen können. In diesem Fall war der gesuchte Ort das **Centrovital Hotel** in Berlin.

Bildretusche leicht gemacht

In diesem Beispiel wollen wir uns folgenden Post ansehen:

`https://twitter.com/MarkOsintme/status/1588059520210804736/photo/1`

Hier haben wir das Problem, dass uns die Säule im Vordergrund eventuell bei der Bildsuche Probleme verursacht. Intelligentere Bildsuchen wie Google Lens oder Bing können damit besser umgehen aber nicht alle Bildsuchen sind so intelligent.

Daher will ich Ihnen an dieser Stelle ein einfaches Retuschetool zeigen, dass die störende Säule in Sekunden entfernen kann. Dazu speichern wir das Bild mit einem Rechtsklick ab:

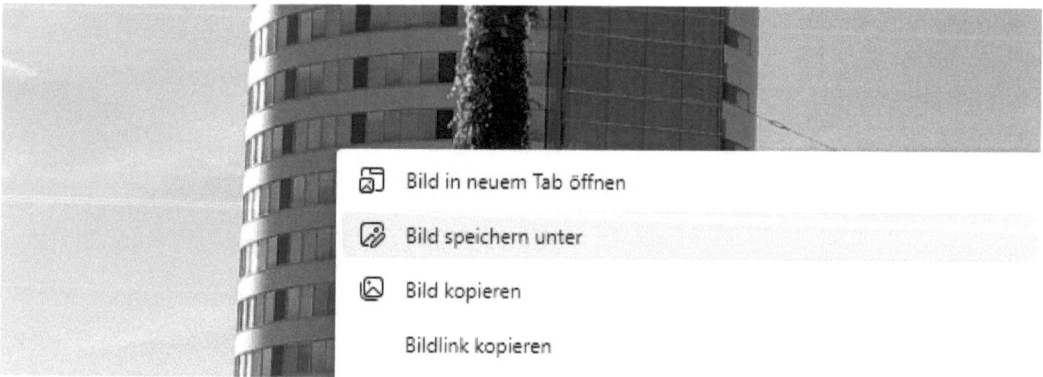

Dann können wir `https://cleanup.pictures` aufrufen und das Bild öffnen...

Diese Webseite erlaubt es mit KI-Unterstützung Bereiche aus einem Bild zu entfernen. Die Ergebnisse sind in den meisten Fällen OK aber nicht immer eine überzeugende Retusche.

In der Regel reicht es aber um damit der Bildsuche auf die Sprünge zu helfen. Oftmals stören Personen in den Bildern da eine Bildsuche dann beispielsweise nach Personen vor einem Geländer oder Hintergrund sucht. Entfernen wir die Person, würde die Bildsuche dann nach genau diesem bestimmten Geländer oder Hintergrund suchen.

Um ein Element aus dem Bild zu löschen, müssen wir nur markieren was entfernt werden soll:

Das Ergebnis ist in diesem Fall semi-optimal:

Dennoch reicht es aus, um der Bildsuche auf die Sprünge zu helfen:

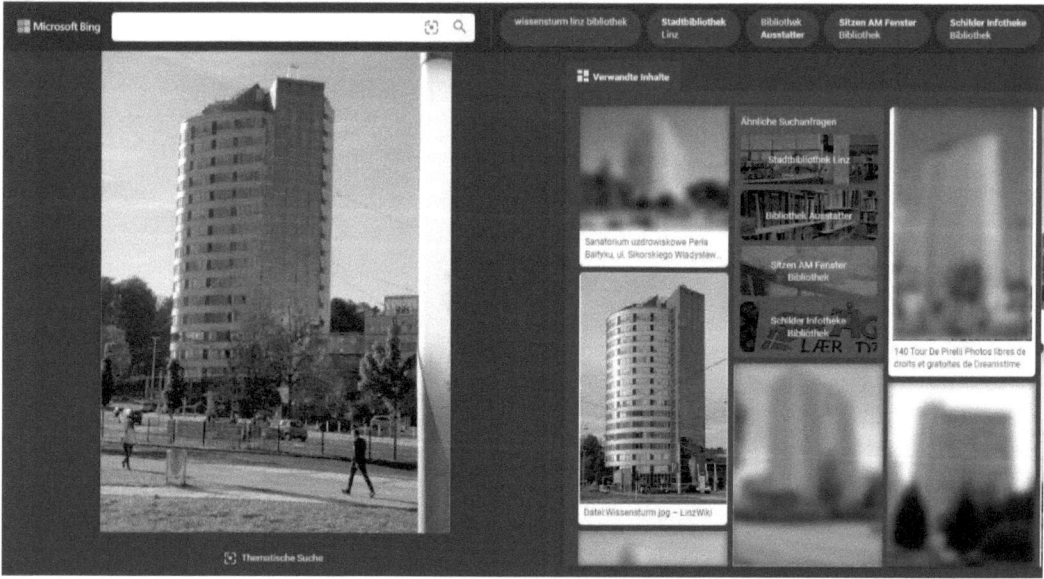

Vor allem wenn Personen oder andere Dinge im Vordergrund sind, wird sich eine Bildsuche darauf konzentrieren was sich im Vordergrund befindet. Daher ist das Entfernen des Vordergrundes sehr oft nötig.

Aber selbst, wenn ein prägnantes Objekt im Hintergrund gefunden wird, kann eine derartige Bildretusche dazu führen, dass wir noch mehr oder noch bessere Treffer erhalten.

Wenn Sie mich fragen, ist das Entfernen von unnötigen Objekten oder Personen aus dem Bild generell eine gute Idee um mehr Treffer zu erhalten...

PERSONEN MIT KI-UNTERSTÜTZUNG IDENTIFIZIEREN

In diesem Kapitel sehen wir uns ein OSINT-Tool an, dass extrem nützlich aber auch sehr beunruhigend ist. PimEyes erlaubt es Bilder biometrisch zu analysieren und dann mit vielen Millionen von Bildern abzugleichen.

Um dies zu demonstrieren, nutze ich dieses Foto einer bekannten Erotik-Darstellerin:

Zuerst öffne ich https://pimeyes.com/en:

Search   Pricing   Blog   News   Opt-Out   FAQ   My Account

Face Search Engine
Reverse Image Search

UPLOAD PHOTO AND FIND OUT WHERE IMAGES ARE PUBLISHED

📷 | Upload a photo   🔍

Or you can take a photo with the device's camera. Don't worry, we will not store it!

Dann klicke ich auf "Upload a photo":

Nun kann ich ein Bild auf das gelbe Feld ziehen oder das Feld anklicken, um eine Datei von der Festplatte zu öffnen.

Danach wird das Gesicht automatisch erkannt und ich bekomme folgenden Dialog angezeigt:

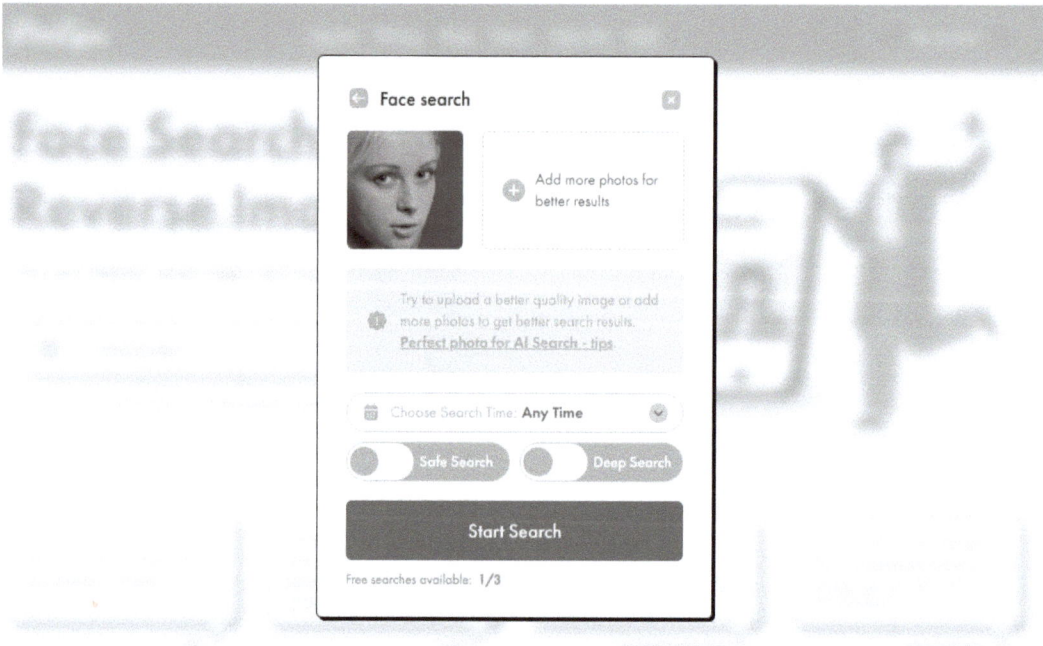

Hier kann ich nun weitere Bilder hinzufügen und so die Suchergebnisse weiter verbessern.

Bei meinem Test mit verschiedensten meiner Bekannten gab es mit nur einem Bild teilweise einige falsch-positive Treffer. Mit 2 oder mehr Bildern wurden die Ergebnisse in diesen Problemfällen deutlich verbessert!

Safe Search soll pornografisches Material ausschließen und der Deep Search ist nur mit einem kostenpflichtigen Account durchführbar!

Nach dem Klick auf Start Search wird ein Fortschrittsbalken angezeigt und nach wenigen Sekunden gelangen wir zu den Suchergebnissen:

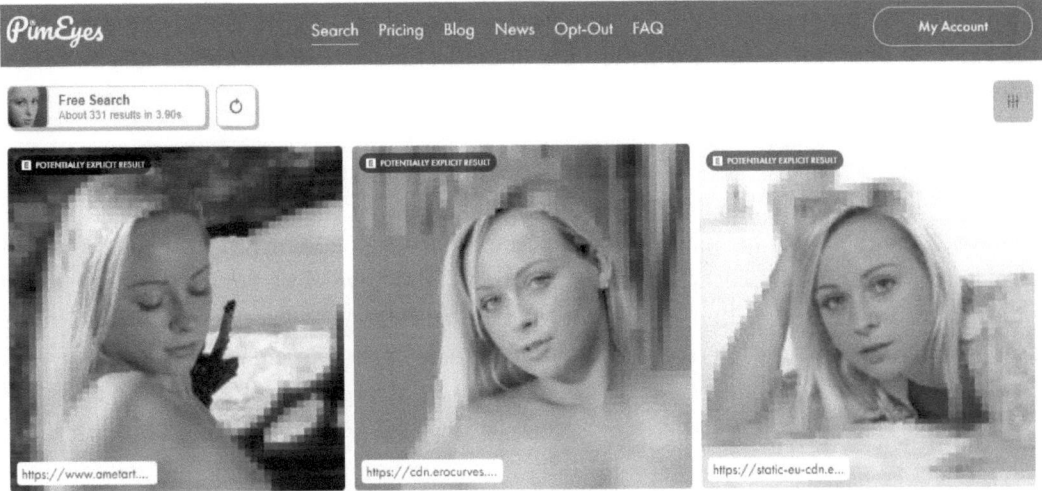

Wir sehen hieran schön, dass völlig unterschiedliche Bilder mit unterschiedlichen Posen, unterschiedlicher Kleidung und sogar mit geschlossenen Augen gefunden wurden.

Ein Klick auf ein Bild zeigt weitere Details an:

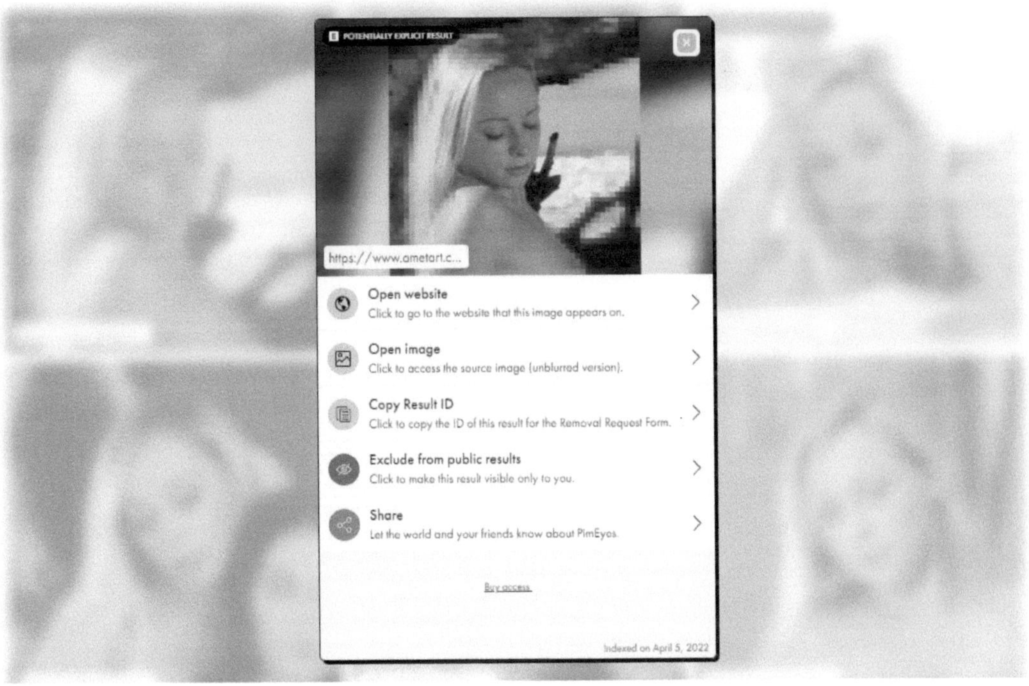

Die kostenlose Nutzung ist auf 3 Suchen pro Tag beschränkt und wir sind nicht in der Lage die Links zu den Webseiten auf denen die Bilder gefunden wurden vollständig zu sehen oder aufzurufen.

Das kleinste Paket kostet ca. 40 EUR pro Monat und ist damit wirklich erschwinglich.

Damit sollten aber auch bei jedem Leser die Alarmglocken schrillen. Mit `PimEyes` bekommt also jeder Mensch auf dieser Welt der ein paar Euro investiert ein Tool, dass extrem mächtig ist um alle möglichen Bilder einer Person zu finden. So kann man weitere Profile aufdecken, das Foto einer Person auf der Webseite des Arbeitgebers finden, etc.

Mehr Informationen zu Personen finden

Haben wir dann anhand eines Fotos beispielsweise einen Namen gefunden, können wir in verschiedensten Webseiten weitere Informationen zu diesem Namen erfahren.

Dies könnten beispielsweise Online-Versionen des Telefonbuches sein - zB:

- https://www.dastelefonbuch.de (*DE*)
- https://www.dasschnelle.at (*AT*)
- https://www.thephonebook.bt.com (*UK*)
- https://whitepages.com (*USA*)

Die Möglichkeiten sind je nach Land unterschiedlich. In den Whitepages der USA kann man neben Adresse und Telefonnummer auch noch viele weitere Informationen wie Bonitätsprüfung, Mädchenname, Verwandte oder Informationen über Lizenzen zur Ausübung bestimmter Berufe finden.

In vielen US-Bundesstaaten kann man beispielsweise die Daten der Wählerverzeichnisse öffentlich einsehen:

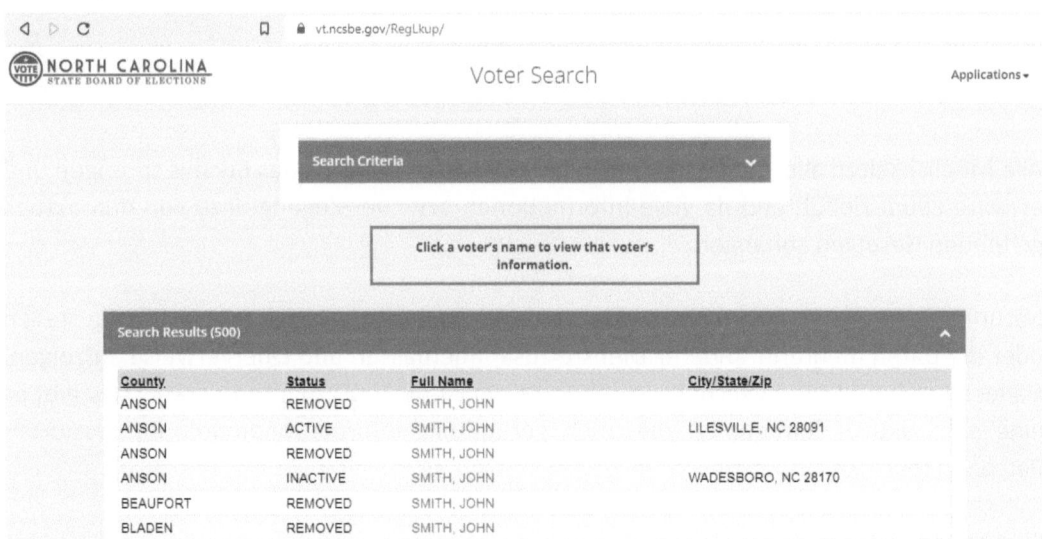

Hinter jedem der Namen findet man weitere Details:

 **NORTH CAROLINA**
STATE BOARD OF ELECTIONS

Voter Search

New Search

JOHN SMITH

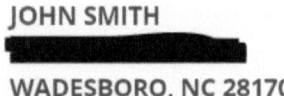

WADESBORO, NC 28170

Collapse all sections | Expand all sections

YOUR VOTER DETAILS

County:	ANSON
Status:	INACTIVE
Voter Reg Num:	■■■■■■■■■■■■
NCID:	AD■■■■
Party:	DEM
Race:	BLACK or AFRICAN AMERICAN
Ethnicity:	UNDESIGNATED
Gender:	MALE
Registration Date:	11/02/2012
NCDMV Customer:	No

Alle Möglichkeiten aller Länder aufzuzählen würde den Rahmen des Buches sprengen und es wäre kaum zielführend da viele Informationen bzw. der Zugang dazu von den aktuell geltenden Gesetzen abhängen.

Natürlich entstehen auch immer wieder neue Webseiten die Daten zur Verfügung stellen oder die Daten mehrerer anderer Dienste zusammenfassen und Querverweise aufzeigen. Daher ist es bei OSINT so wichtig sich über die neuesten Tools zu informieren. Dazu gibt es eine sehr aktive Community, die auch gerne Ihre Informationen mit interessierten Personen teilt.

Eine solche Seite ist:

```
https://webmii.com
```

Hier können wir nach dem Namen einer Person suchen und Webmii fasst Resultate von verschiedenen anderen Webseiten zusammen. So bekommt man in vielen Fällen einen schnellen Überblick.

SATELLITENBILDER FÜR JEDERMANN

Für viele Aktivitäten wie beispielsweise Pentests ist es äußerst hilfreich die örtlichen Gegebenheiten auszukundschaften da man Fragen wie die Folgenden beantworten will:

- Ist die Zufahrt durch Schranken oder einen Wachdienst beschränkt?
- Gibt es Orte in der Nähe wo man sich länger aufhalten kann ohne aufzufallen?
- Etc.

All diese Dinge können wir heute recht einfach mit den Satellitenbildern von Google Maps in Erfahrung bringen:

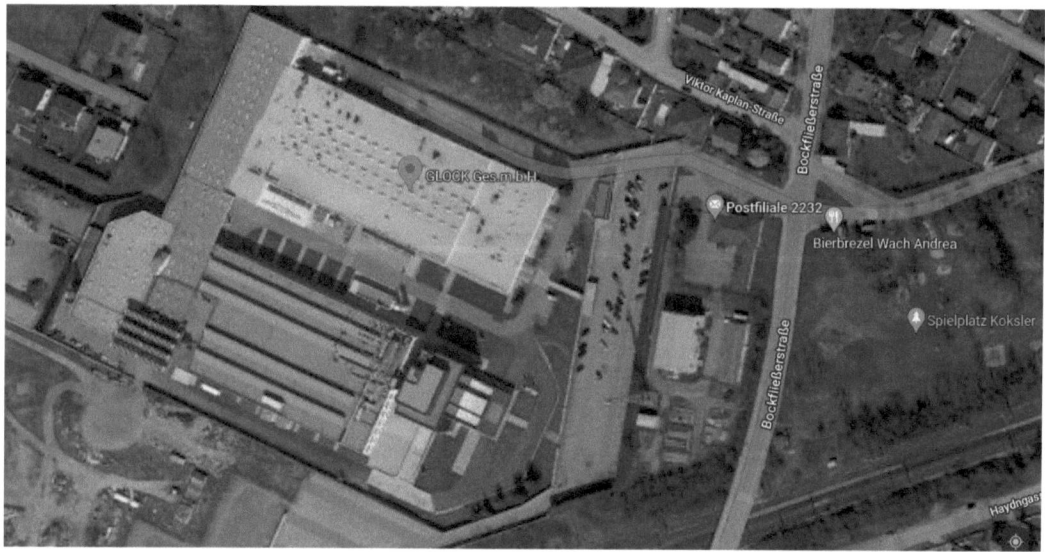

Hier sehen wir die Zentrale einer Firma in Österreich. Die Zufahrt zum Parkplatz scheint auf diesem Satellitenbild frei zu sein. Ob dies noch der Fall ist, sollte man aber Vorort nochmals prüfen denn die Satellitenbilder von Google sind natürlich nicht immer aktuell.

Die Post-Filiale sollte noch in WLAN-Reichweite sein und ein PKW der länger vor der Post-Filiale steht sollte nicht unbedingt auffallen.

Ich sehe in diesem Bild auch einen Spielplatz – ein Mann der lange in einem Auto in der Nähe eines Kinderspielplatzes sitzt könnte durchaus die Aufmerksamkeit besorgter Mütter erregen. Daher wäre es eher nicht zu empfehlen WLAN-Sniffing mit einer Richtantenne vom Auto aus, geparkt in einer der Straßen auf der rechten Seite des Bildes zu versuchen!

In Verbindung mit Google Streetview kann man oftmals bei straßennahen Gebäuden auch erkennen welche Schließtechnologie (*Chips, Schlüsselkarten, herkömmliche Schlösser, …*) verwendet werden.

Außerdem kann man so prüfen ob es eine Raucher-Ecke gibt. Diese sind oft frei zugänglich und wenn man sich als Raucher zu den Mitarbeitern gesellt, wird man meist ohne Nachfragen akzeptiert. Bei einer solchen Gelegenheit kann man in der Regel einen Blick aus der Nähe auf die Mitarbeiterausweise werfen…

Wenn man sich nett mit den Mitarbeitern unterhält ist es dann auch gut denkbar, dass man einfach einer Gruppe ins Innere des Gebäudes folgen kann oder das einer der Personen sogar dem Mitarbeitereingang für den Pentester offenhält. Aber auch hier driften wir wieder stark in das social Engineering ab.

Oftmals kann man in Streetview gut sehen wie der "Dresscode" einer Firma ist, um sich dann auch passend zu kleiden um in der Masse unterzugehen.

TELEFONNUMMER OSINT

Natürlich kann man auch nach einer Telefonnummer googeln. Hierbei findet man unter Umständen diverse Seiten auf denen Nummern von Callcentern veröffentlicht und bewertet werden.

Außerdem lassen sich so auch oftmals Telefonnummern finden, die in Leaks auftauchen.

Bei Firmen und Organisationen kann man in sehr vielen Fällen anhand der Telefonnummer herausfinden, wem diese gehört. Hierzu gibt es Telefonnummern-Rückwärtssuchen auf diversen Seiten. Eine davon ist:

`https://www.infobel.com`

Auf dieser Seite lassen sich die Telefonnummern zu einem Namen bzw. Firmennamen oder der Name bzw. Firmenname zu einer Telefonnummer suchen, falls diese im Telefonbuch aufgeführt sind. Hierbei bietet Infobel Daten für viele unterschiedliche Länder an.

Abgesehen davon sollte es in den meisten Ländern der Welt Branchenbücher wie die gelben Seiten geben. Oftmals sind auch Telefonbücher über das Internet zugänglich. Allerdings sind heutzutage sehr viele Personen nicht mehr im Telefonbuch eingetragen!

Bei anderen Gelegenheiten benötigt man eventuell eine Telefonnummer auf der man SMS-Nachrichten oder Anrufe empfangen kann.

Einige Seiten auf denen man kostenlos SMS empfangen kann wären:

- `https://receive-sms-online.com/`
- `https://receive-sms.com/`
- `https://sms.sellaite.com/`
- `https://www.receivesmsonline.net/`

Alternativ dazu gibt es einige kostenpflichtige Dienste und viele Anbieter von VoIP (*Voice over IP*) Telefonnummern.

EMAIL OSINT

Email-Adressen sind oftmals sehr praktisch um zB Namen von Angestellten zu identifizieren. Das Tool `https://hunter.io/` liefert uns eine Liste der öffentlich irgendwo gefundenen Email-Adressen und das voraussichtliche Muster wie die Email-Adressen aufgebaut sind, damit wir die unbekannte Email-Adresse eines Mitarbeiters erraten könnten:

orf.at	Find email addresses

Most common pattern: **{first}.{last}@orf.at**   1,228 results

█████████@orf.at ✓   1 source ⌄

████████@orf.at ●   1 source ⌄

████████@orf.at ●   1 source ⌄

Neben Hunter.io gibt es `https://phonebook.cz/`, was im Grunde gleich arbeitet aber wie üblich liefern unterschiedliche Tools eventuell auch wieder unterschiedliche Ergebnisse. Daher ist es keine schlechte Idee beide Seiten zu nutzen und die Ergebnisse mit einem einfachen Script abzugleichen.

Auf vielen Plattformen ist ein Login mit der Email-Adresse möglich und wir können so auch eine Liste potentieller Loginnamen erhalten, die wir dann nur noch auf einem Dienst abgleichen müssen.

Wenn wir mit dem gefundenen Schema eine mögliche Email-Adresse erraten, können wir diese durch das Versenden einer Email verifizieren. Dabei verraten wir aber auch einiges über uns und machen eventuell jemanden aufmerksam.

Einfacher und vor allem "leiser" lässt sich die Email mit folgendem Tool Verifizieren:

`https://tools.emailhippo.com/`

Hierbei besteht aber wie üblich die Gefahr von falsch-positiven oder falsch-negativen Ergebnissen. Aber diese haben wir auch beim Versand einer Email sollte der SPAM-Filter unsere Test-Mail einfach schlucken. Außerdem habe ich schon Fälle erlebt in denen ich erst nach Tagen die Rück-Email vom Server bekam, dass eine bestimmte Mailadresse nicht existiert.

Eine Alternative zu Email Hippo ist: `https://email-checker.net/`

Eine weitere Möglichkeit ist das nicht ganz zweckgemäße Verwenden von:

`https://haveibeenpwned.com/`

Diese Webseite ist dazu gedacht, zu prüfen ob Daten (*Email, Passwort, ...*) in einem der großen Datenleaks der Vergangenheit enthalten waren. Wir können so aber auch Email-Adressen und einige der benutzten Dienste prüfen:

Breaches you were pwned in

A "breach" is an incident where data has been unintentionally exposed to the public. Using the 1Password password manager helps you ensure all your passwords are strong and unique such that a breach of one service doesn't put your other services at risk.

Adobe: In October 2013, 153 million Adobe accounts were breached with each containing an internal ID, username, email, *encrypted* password and a password hint in plain text. The password cryptography was poorly done and many were quickly resolved back to plain text. The unencrypted hints also disclosed much about the passwords adding further to the risk that hundreds of millions of Adobe customers already faced.

Compromised data: Email addresses, Password hints, Passwords, Usernames

iMesh: In September 2013, the media and file sharing client known as iMesh was hacked and approximately 50M accounts were exposed. The data was later put up for sale on a dark market website in mid-2016 and included email and IP addresses, usernames and salted MD5 hashes.

Compromised data: Email addresses, IP addresses, Passwords, Usernames

MyHeritage: In October 2017, the genealogy website MyHeritage suffered a data breach. The incident was reported 7 months later after a security researcher discovered the data and contacted MyHeritage. In total, more than 92M customer records were exposed and included email addresses and salted SHA-1 password hashes. In 2019, the data appeared listed for sale on a dark web marketplace (along with several other large

Dies ist zwar nicht dafür gedacht um Email-Adressen oder Telefonnummern zu verifizieren und die Ergebnisse sind auch nur zuverlässig, wenn die Daten in einem Leak auftauchten aber es ist ein weiterer Datenpunkt, der uns eventuell weitere Dienste nennt, die wir genauer untersuchen können!

Github Repos speichern bei Commits oftmals Email, Zeitzone, etc. So kann man auf ehemalige Arbeitgeber, Hochschulen, usw. schließen. Das gilt natürlich auch für alte Usernamen, etc.

Wenn Sie recherchieren möchten welche anderen Accounts mit einer Email-Adresse verbunden sind, können wir zB `https://epieos.com` nutzen.

Auf vielen Webseiten kann man die Passwort-Vergessen Funktion nutzen, um eine Email zu prüfen. Oftmals erhält man bei einer gültigen Email eine andere Ausgabe als bei einer ungültigen. Allerdings sorgt das auch dafür, dass derjenige eine Email bekommt mit der das Passwort zurückgesetzt werden soll. Manche Leute mögen dies für einen Computerfehler halten, andere würden dadurch vorgewarnt das sich jemand für Ihre Accounts oder Email interessiert! Alternativ dazu kann man eine Registrierung mit der zu prüfenden Email-Adresse versuchen sofern diese vor dem Absenden des Formulars mit Javascript geprüft wird.

Andere Webseiten wie zB GMAIL haben einen mehrstufigen Login-Prozess. Zuerst muss man die Email-Adresse eingeben und wenn dies zu einem Konto gehört, wird man nach dem Passwort gefragt. Falls die Email-Adresse nicht stimmt, erhält man eine Fehlermeldung. So kann man die Email-Adresse leicht verifizieren!

Viele Webseiten nutzen einen Dienst namens Gravatar für Profilbilder. Ich erwähne diesen Dienst hier stellvertretend für verschiedenste Andere. Meist ist es recht einfach die Profilbilder zu finden. Sehen wir uns dazu den Beispiel-Code auf der Webseite des Anbieters an:

```
function get_gravatar_url( $email ) {
    $address = strtolower( trim( $email ) );
    $hash = md5( $address );
    return 'https://www.gravatar.com/avatar/' . $hash;
}
```

Hier wird zuerst die Email-Adresse in Kleinbuchstaben umgewandelt (`strtolower`) nachdem sie mit `trim` von führenden oder nachstehenden Whitespaces (*Leerzeichen, Zeilenschaltung, Tabulator, ...*) befreit wurde. Dann wird die MD5-Summe der Email errechnet und an den String `https://www.gravatar.com/avatar/` angehängt.

Die Avatar-Datei ist also nichts weiter als eine Datei, deren Dateiname die MD5-Summe der Email ist. Diese Datei liegt dann einfach im Ordner `avatar` auf der Domain `https://www.gravatar.com`.

Wir brauchen also nur zu prüfen ob diese Datei existiert und falls wir Sie finden, dieses Bild mit den verschiedensten Bildsuchen prüfen.

Als Beispiel nutzen wir folgenden Avatar: `f9978147c3b3a17f6efa34c7d23df270`

Damit erhalten wir folgende Treffer:

Seiten mit übereinstimmenden Bildern

> about · Diese Seite übersetzen ⋮

About · Cupot...... · A blog by ....

512 × 512 — About. .. .. and thank you for visiting my blog. I'm a .... for as long as I can remember.

· Diese Seite übersetzen ⋮

Cupott... · A blog by ....

240 × 240 — Power Apps everywhere It's been a while since my last post, and even longer since my last travel and customer visits. I recently had the opportunity to ...

> ... · Diese Seite übersetzen ⋮

....

120 × 120 · 28.08.2015 — Complex customizations can be difficult to implement in CRM On-line instances, so the announcement from Microsoft this week offering cloud ...

> 2018/11/16 · Diese Seite übersetzen ⋮

....

150 × 150 · 16.11.2018 — Summary Dynamics 365 Portal Entity List Controls can be configured to render as a Calendar or Map ControlThese special controls will not ...

Dies waren nur einige Methoden um Email-Adressen zu prüfen...

Als OSINT-Analyst muss man oftmals auch kreativ denken – so könnte man beispielsweise auch PGP-Server nutzen um Email-Adressen zu finden oder nach PGP-Schlüsseln suchen, um andere Email-Adressen zu finden, die den gleichen Schlüssel verwenden. So wie viele Leute überall das gleiche Passwort nutzen, verwenden manche Leute den gleichen Schlüssel für alle ihre Emails.

OSINT-PLATTFORMEN

Die Suche nach Telefonnummern, Email-Adressen und diversen anderen Dingen ist recht mühsam. Professionelle Plattformen fassen die Daten aus verschiedensten Quellen für Sie zusammen.

Eine dieser Plattformen wäre `https://intelx.io` – hier können Sie nach Domains, URLs, IP-Adressen, Telefonnummern, Emails, Bitcoin-Adressen und einigem mehr suchen. Um dies zu demonstrieren, habe ich die BTC-Adresse `1JmfaVr3x5fRKRmuhUBpWNQFy51Sfo4T6u` gesucht:

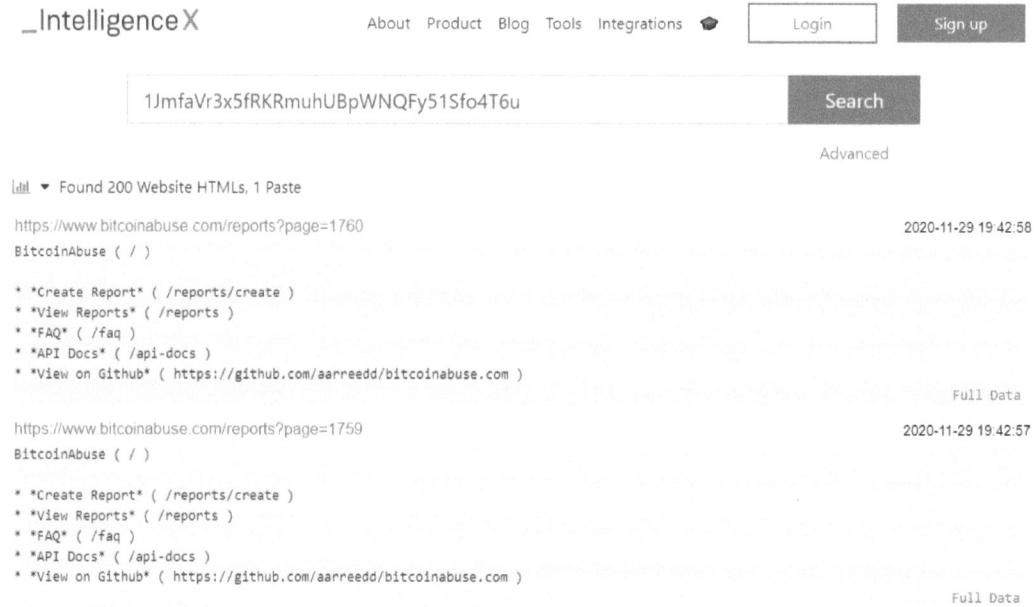

Hierbei handelt es sich um die Adresse, die bei einer Erpresseremail angegeben wurde.

Ein Klick auf den ersten Link bringt uns zu weiteren Details:

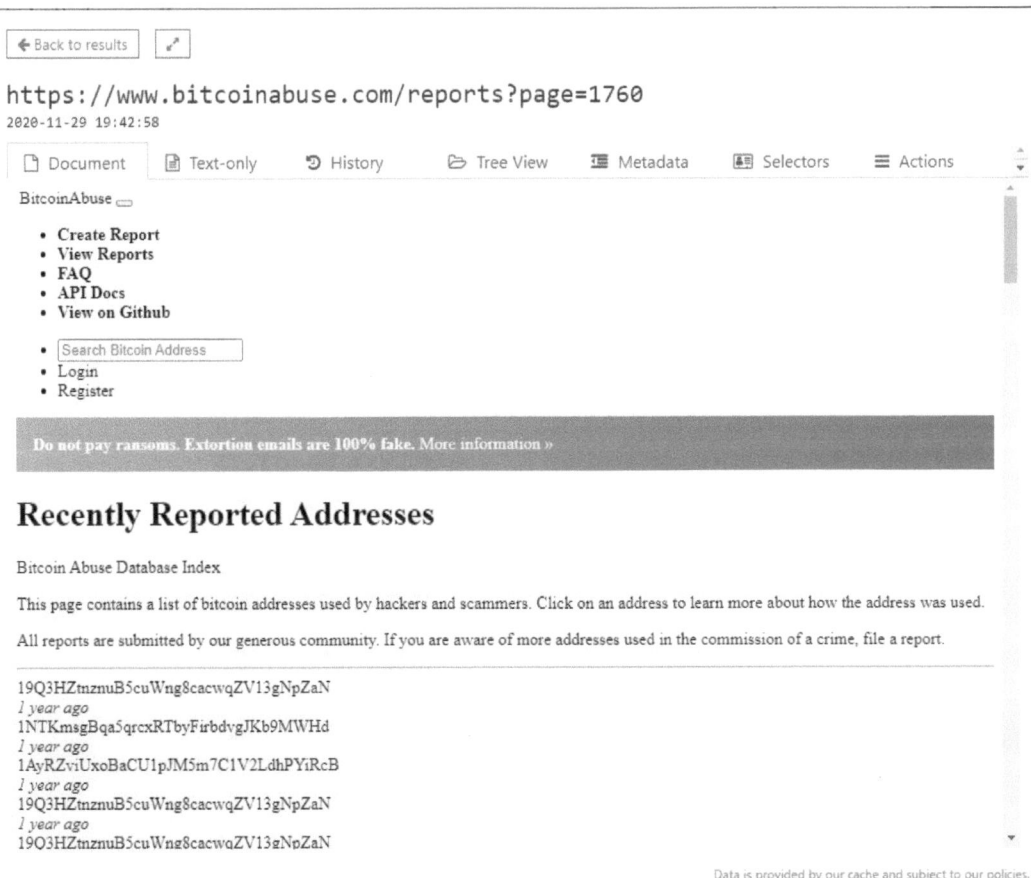

Hierbei muss man auch klar sagen, dass derartige Plattformen nicht unbedingt günstig sind und wenngleich die Informationen in der Regel Ihren Preis wert sind, verfügt nicht jeder über das Budget diese Dienste zu nutzen!

Hierbei sprechen wir auch schnell von ein paar tausend Euro pro Jahr und nicht mehr von ein paar Euro. Für die ersten Experimente mit dieser Plattform gibt es einen kostenlosen Account der zumindest auf einen Teil der Daten Zugriff gewährt. Außerdem können wir dann die API nutzen.

KRYPTOWÄHRUNGS OSINT

Kryptowährungen sind zwar anonym aber bei vielen sind die Transaktionen öffentlich einsehbar. Dies liegt an der Art und Weise wie eine Blockchain arbeitet.

Hierbei sind bestimmte Kryptowährungen wie Bitcoin oder Ethereum recht einfach öffentlich einzusehen. Hierbei kann man sämtliche Transaktionen verfolgen. Sehen wir uns dies am Beispiel der zuvor gezeigten Bitcoin-Adresse an:

1JmfaVr3x5fRKRmuhUBpWNQFy51Sfo4T6u

Total Received:	0.82606344
Total Sent:	0.82606344
Final Balance:	0.00000000

Total transactions: **7**. Most recent:

	Date ▼	Amount	USD value
✓	2018-12-25 20:46:30	-0.21000000	$3607.48
✓	2018-12-25 09:53:06	0.21000000	$3607.48
✓	2018-12-23 21:00:09	-0.61606344	$10583.02
✓	2018-12-19 22:54:32	0.22464703	$3859.09
✓	2018-12-19 20:46:47	0.18637944	$3201.71
✓	2018-12-19 04:06:41	0.00186200	$31.99
✓	2018-12-18 19:16:51	0.20317497	$3490.23

Dies ist beispielsweise auf `https://www.blockchain.com` oder `https://bitref.com` möglich, wobei der zuvor gezeigte Screenshot von der Seite `bitref.com` stammt.

Die Eingänge bzw. Ausgänge stimmen hierbei, nicht aber die in USD umgerechneten Beträge, da `bitref.com` immer mit dem tagesaktuellen und nicht mit dem historischen Kurs rechnet!

Die Seite `blockchain.com` erlaubt uns einen genaueren Einblick in die einzelnen Transaktionen:

Transactions ⓘ

Fee	0.00009261 BTC (27.399 sat/B - 6.850 sat/WU - 338 bytes)	-0.21000000 BTC
Hash	219ca8f1f9e14f896d1a28acf082e68ebb8e19...	2018-12-25 21:46
	1Hi9S1sWHyRxtHJbttuTZ... 0.16704365 BTC ⊕ ➡ 1JmfaVr3x5fRKRmuhUBp... 0.21000000 BTC ⊕	3JPTWFkQMCCY4ToSD... 0.37695104 BTC ⊕

Fee	0.00002062 BTC (8.248 sat/B - 3.078 sat/WU - 250 bytes) (12.274 sat/vByte - 168 virtual bytes)	+0.21000000 BTC
Hash	4b1181f6bd2e961375c068b1092b2c8f368a9...	2018-12-25 10:53
	38xSGaECda7JTPrDrYtT... 87.47417668 BTC ⊕ ➡	1JmfaVr3x5fRKRmuhUBp... 0.21000000 BTC ⊕ 36HyV2y5mbE6iqFzctT... 87.26415606 BTC ⊕

Mit einem Klick auf die jeweilige Adresse kann man der "Spur des Geldes" folgen. Hierbei sind die BTC-Adressen so lange anonym bis diese mit anderen OSINT-Werkzeugen mit einer Person oder einer Organisation in Verbindung gebracht werden können.

Für Ethereum kann man zB die Seite `https://etherscan.io` nutzen.

Die Tatsache, dass man zwar keine weiteren Details zu den an einer Transaktion beteiligten Parteien bekommt aber dennoch jede Transaktion öffentlich einsehbar ist, wurde schon so manchem Cyberkriminellen zum Verhängnis.

Andere Kryptowährungen wie etwa Monero sind nur bedingt öffentlich einsehbar und stellen auch für Strafverfolgungsbehörden eine Herausforderung dar! Darum gewinnen sie auch immer mehr an Beliebtheit im kriminellen Umfeld.

Im Fall von Monero kann man Transaktionen zB auf `https://www.exploremonero.com` einsehen, wenn man neben der Transaktions-ID noch die Empfängeradresse und den geheimen Transaktionsschlüssel kennt.

Je nach Kryptowährung gibt es diverse andere Webseiten, die man nutzen kann um Transaktionen zu verfolgen. So lassen sich auch Beziehungen zwischen bestimmten Personen oder Organisationen aufzeigen, wenn man die Adressen entsprechend zuordnen kann.

IP OSINT

Die IP-Adresse ist für die Kommunikation in lokalen Netzwerken und auch im Internet nötig. In der Regel gibt es also zwei IP-Adressen – eine lokale IP im eigenen Netzwerk mit der ein bestimmter Computer im Netzwerk angesprochen wird und die öffentliche IP mit der ein Internetanschluss vom Internet aus erreichbar ist.

Im Zusammenhang mit OSINT interessiert uns in der Regel nur die öffentliche IP! Darüber lassen sich alle möglichen Rückschlüsse ziehen. Ich will in diesem Zusammenhang auch klar sagen, dass das Verschleiern der eigenen IP über das TOR-Netzwerk oder mittels VPN- und Proxy-Servern sehr einfach ist. Daher können wir uns nicht immer darauf verlassen, dass eine gefundene IP auch die richtige ist.

Um zu prüfen ob eine IP verschleiert wurde können wir uns die so-genannten WHOIS-Daten anzeigen lassen:

```
#
# ARIN WHOIS data and services are subject to the Terms of Use
# available at: https://www.arin.net/resources/registry/whois/tou/
#
# If you see inaccuracies in the results, please report at
# https://www.arin.net/resources/registry/whois/inaccuracy_reporting/
#
# Copyright 1997-2023, American Registry for Internet Numbers, Ltd.
#


NetRange:        162.247.72.0 - 162.247.75.255
CIDR:            162.247.72.0/22
NetName:         CALYX-INSTITUTE-V4-1
NetHandle:       NET-162-247-72-0-1
Parent:          NET162 (NET-162-0-0-0-0)
NetType:         Direct Allocation
OriginAS:        AS4224
Organization:    The Calyx Institute (THECA-92)
RegDate:         2014-04-18
Updated:         2017-01-10
Comment:         https://www.calyxinstitute.org
```

```
Comment:          ** All Abuse email:  email@calyxinstitute.org
Ref:              https://rdap.arin.net/registry/ip/162.247.72.0

OrgName:          The Calyx Institute
OrgId:            THECA-92
Address:          254 36th Street
Address:          Suite C660 / Unit 48
City:             Brooklyn
StateProv:        NY
PostalCode:       11232
Country:          US
RegDate:          2010-09-10
Updated:          2019-01-26
Ref:              https://rdap.arin.net/registry/entity/THECA-92

OrgTechHandle: NM60-ARIN
OrgTechName:   Merrill, Nicholas
OrgTechPhone:  +1-212-966-1900
OrgTechEmail:  email@calyx.com
OrgTechRef:    https://rdap.arin.net/registry/entity/NM60-ARIN

OrgAbuseHandle: ARD6-ARIN
OrgAbuseName:   Abuse Remediation Department
OrgAbusePhone:  +1-212-966-1900
OrgAbuseEmail:  email@calyxinstitute.org
OrgAbuseRef:    https://rdap.arin.net/registry/entity/ARD6-ARIN

RAbuseHandle: ARD6-ARIN
RAbuseName:   Abuse Remediation Department
RAbusePhone:  +1-212-966-1900
RAbuseEmail:  email@calyxinstitute.org
RAbuseRef:    https://rdap.arin.net/registry/entity/ARD6-ARIN

#
# ARIN WHOIS data and services are subject to the Terms of Use
# available at: https://www.arin.net/resources/registry/whois/tou/
#
```

Hierbei sehen wir nur wem diese IP-Adresse gehört. Das ist in der Regel der Provider oder eine größere Firma. Hier sehen wir nicht explizit, dass dies die IP eines TOR-Exitnodes ist.

Die WHOIS-Daten kann man unter anderem auf folgenden Webseiten abfragen:

```
https://who.is
https://www.whois.com
```

Eine simple Google-Suche nach "whois 162.247.74.74" liefert dann unter anderem die Seite `https://www.abuseipdb.com`:

162.247.74.74 was found in our database!

This IP was reported **11,552** times. Confidence of Abuse is **100%**:   ?

```
                              100%
```

This address is a Tor exit node. Neither the owner nor the provider are directly behind the offending action.

ISP	The Calyx Institute
Usage Type	Data Center/Web Hosting/Transit
Domain Name	calyx.com
Country	United States of America
City	Brooklyn, New York

Damit können wir nicht nur herausfinden, dass dies ein TOR-Exitnode ist, sondern auch anhand der 11552 Beschwerden (*Abuse-Reporte*) gut zeigen, dass das TOR-Netzwerk gerne für das verschleiern der eigenen IP eingesetzt wird!

Bei diesem Beispiel handelt es sich um eine so-genannte IPv4 Adresse. Diese besteht aus 4 Zahlen die jeweils durch einen Punkt getrennt sind. In der Regel kann man IP-Adressen auch eine grobe geografische Position zuordnen.

Eine meiner liebsten Seiten für IP-Geolocation ist: `https://www.iplocation.net`

Der Vorteil dieser Seite ist, dass wir gleich mehrere Datenbanken abfragen und so auch die Ergebnisse gut vergleichen können:

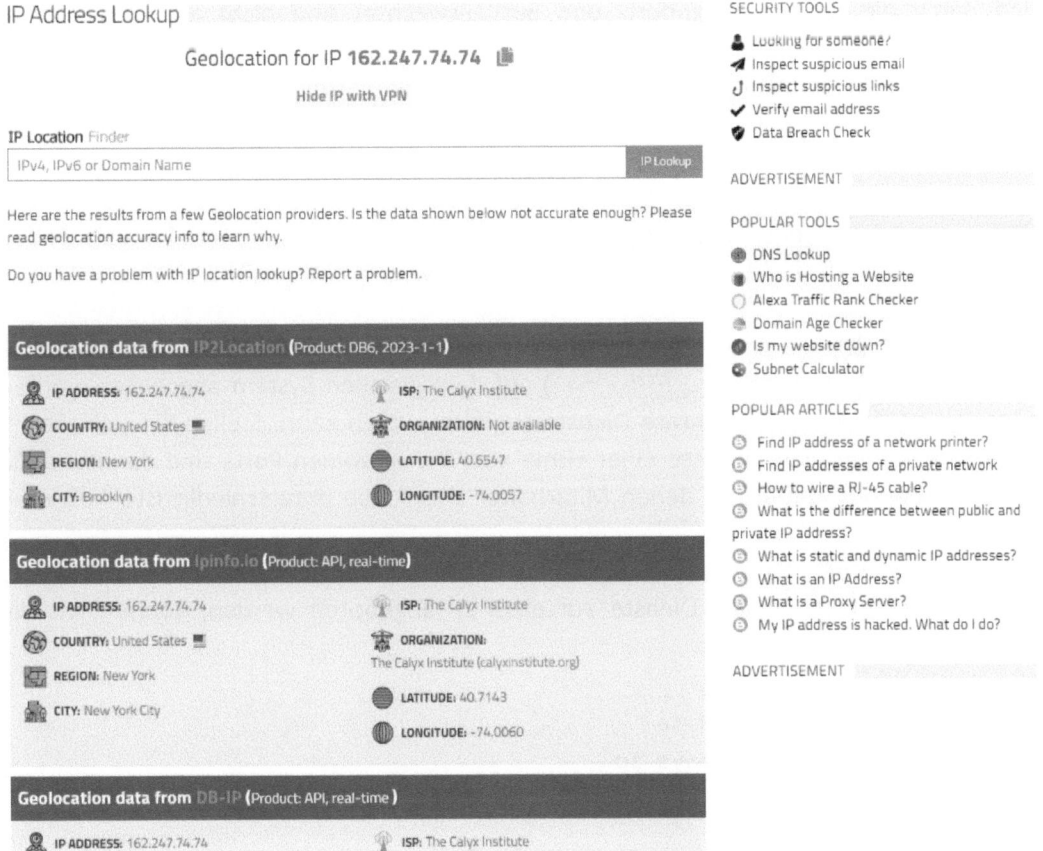

Da IPv4-Adressen mittlerweile schon sehr knapp werden, werden Sie an Börsen gehandelt und wechseln recht häufig zwischen den einzelnen Internetprovidern.

Oftmals werden IP-Adressen auch innerhalb der Provider verlegt. Wenn ein Standort ausreichend Reserven hat werden einfach ein paar IP-Adressen an einen anderen Standort zugewiesen wo IP-Adressen schon knapp sind.

In diesem Zusammenhang muss man auch wissen, dass es dynamische und statische IP-Adressen gibt. Dynamische IPs sind quasi in einem Pool des Providers und werden Kunden die sich mit dem Internet verbinden zugewiesen. Da nicht immer alle Kunden zugleich im Internet sind, kann ein Provider so mit weniger IP-Adressen als Kunden arbeiten.

Für uns bedeutet dies aber auch, dass sich eine IP-Adresse binnen Stunden ändern könnte und durch die häufigen Standort- und Besitzerwechsel sind nicht alle Geolocation-Datenbanken am letzten Stand. Außerdem muss eine Geolocation die wir durchführen nicht mehr stimmen, wenn die Geolocation nicht zeitnahe erfolgt.

Statische IP-Adressen werden in der Regel für Firmen und Server genutzt. Der Verwaltungsaufwand alle paar Stunden eine neue IP für die Namensauflösung von Webseiten zu hinterlegen oder alle paar Stunden die neue IP an Mitarbeiter herauszugeben die sich mit dem VPN in der Firma verbinden wollen wäre nicht schaffbar.

Neben der IP-Adresse sind so-genannte Ports dafür verantwortlich, dass verschiedenste Dienste (*zB: Email-, Web- und FTP-Server*) auf dem gleichen System angeboten werden können und dass ein PC mehrere Dienste zugleich nutzen kann. Stellen Sie sich die IP-Adresse wie eine reale Adresse einer Firma vor. Die einzelnen Ports sind dann wie die einzelnen Büro-Nummern in denen Mitarbeiter sitzen, die unterschiedlichste Aufgaben erfüllen.

Um herauszufinden welche Dienste auf einer IP angeboten werden, können wir die Webseiten

- `https://www.shodan.io`
- `https://search.censys.io`

nutzen:

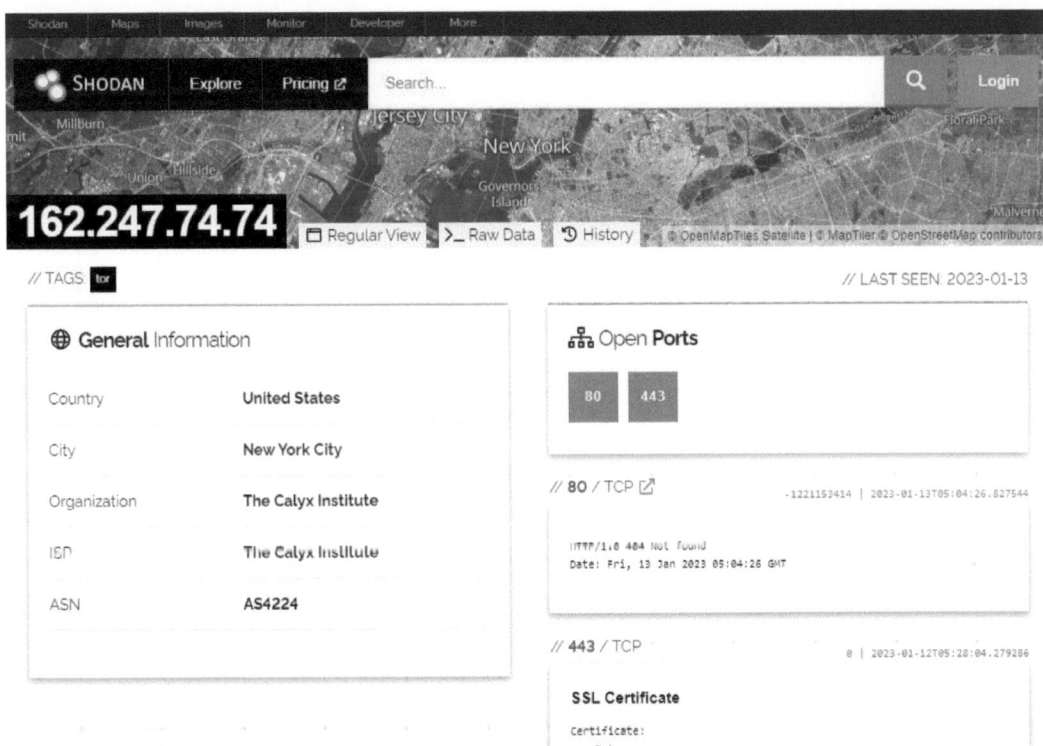

Hier sehen wir beispielsweise, dass dieser Server HTTP- (*Port 80*) und HTTPS-Verbindungen (*Port 443*) anbietet. Wobei `Censys` bei diesem Beispiel auch noch einen SSH-Dienst auf einem vom Standard abweichenden Port gefunden hat.

Diese gefundenen Dienste sind allerdings nur eine Momentaufnahme, die nicht mehr stimmen muss. OSINT-Ergebnisse müssen im Zusammenhang mit IP-Adressen immer mit etwas Vorsicht betrachtet werden!

Bei Webservern stelle ich mir als Pentester immer wieder die Frage welche anderen Webseiten eventuell auf einem Server abgelegt sind. Diese kann ich mit Bing beantworten indem ich nach `ip:51.89.87.113` suche:

ip:51.89.87.113

ALLE   BILDER   VIDEOS   KARTEN   NEUIGKEITEN   SHOPPING   ⋮ MEHR

 Holen Sie

Ungefähr 87 Ergebnisse

First Hill Online - Home
https://firsthillonline.com ▾
Web We are First Hill Online, We have been providing platform solutions for over 30 years. We are the most preferred, trustworthy, leading online in America because we provide rapid, …

Sati Shipping Containers | Welcome to Sati Shipping Containers
https://satishippingcontainer.com ▾
Web We can also arrange **container** delivery and off-loading to your premises anywhere in South Africa. Shipping and storage **containers** are offered in all sizes including 6ft, 8ft, 10ft, 20ft, …

Danford Energy Services Ltd - Integrated Drilling & Well Services …
danfordenergyservicesltd.com ▾
Web Workover Services. Services are provided using Danford Energy Services Ltd own fleet of 11 self-propelled and truck-mounted Skytop, Cardwell, Franks and National workover rigs.

Dies liefert mir eine Liste verschiedenster Domains die auf den gleichen Webserver zeigen.

Eine Alternative dazu ist die Webseite https://dnslytics.com/reverse-ip:

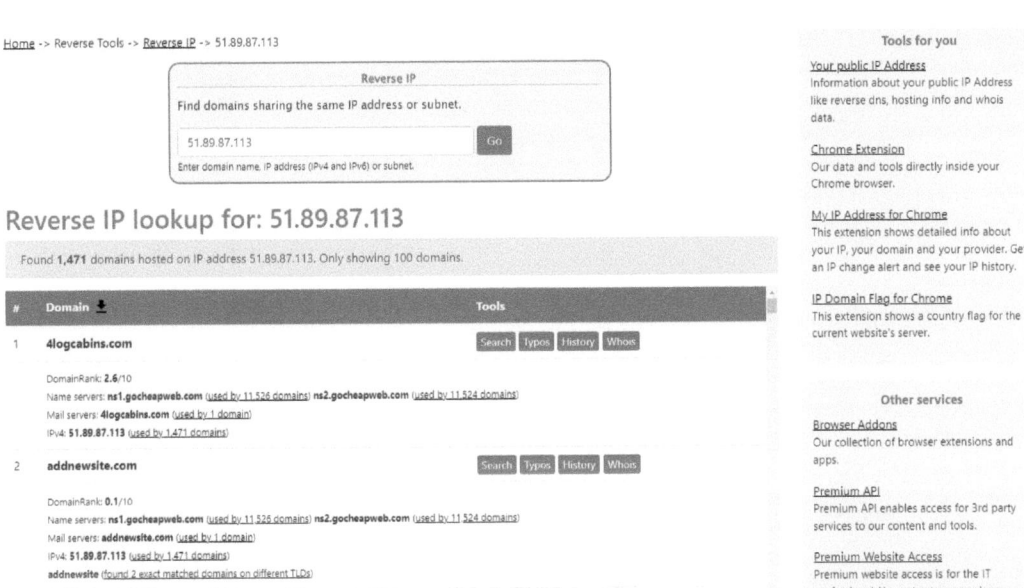

Ein weiterer interessanter Punkt ist die Gefährlichkeit einer IP. Eine Seite über die man dies erfahren könnte haben wir bereits gesehen. Dennoch will ich Ihnen Virustotal nicht vorenthalten. Wenn wir auf den Search-Tab wechseln, können wir auch nach einer IP-Adresse suchen:

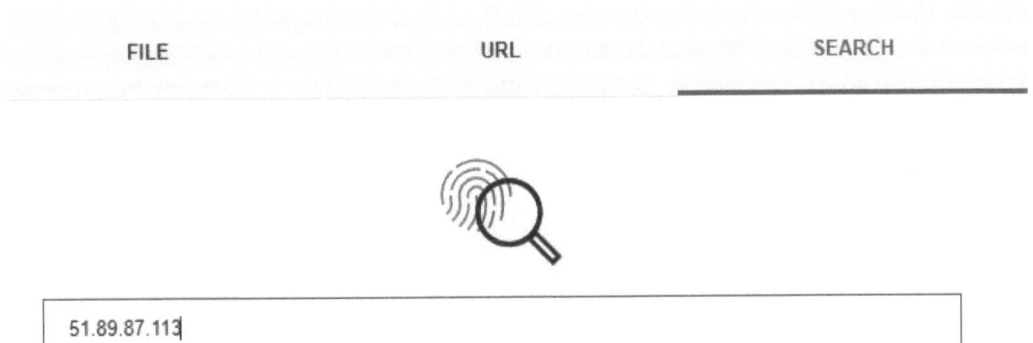

Diese Suche liefert dann:

Virustotal werden wir uns später im Buch noch viel genauer ansehen. Daher soll dies an dieser Stelle reichen.

Werden Dienste wie ein Webserver an einer IP angeboten, kann es durchaus auch interessant sein, diese Dienste aufzurufen. Eventuell verraten Willkommens-Meldungen etwas Interessantes. Sie wären erstaunt welche Daten durch unachtsam ins Internet gestellte IoT-Geräte (*Internet of Things*) geleakt werden:

Konfiguration

- ▸ System
- ▸ Sicherheit
- ▸ HTTPS
- ▸ SNMP
- ▸ Netzwerk
- ▸ W-LAN
- ▸ DDNS

▸ Home

Parameterliste

```
server_i0_ftp_location=''
server_i0_email_address='smtp.web.de'
server_i0_email_sslmode='1'
server_i0_email_port='25'
server_i0_email_username='s████████web.de'
server_i0_email_passwd='j██████5'
server_i0_email_senderemail='s████████@web.de'
server_i0_email_recipientemail='s████████@web.de'
server_i0_ns_location=''
server_i0_ns_username=''
server_i0_ns_passwd=''
server_i0_ns_workgroup=''
```

WEBSEITEN OSINT

Ein paar Techniken und Dienste die wir bereits kennengelernt haben, will ich am Anfang dieses Kapitels nur kurz erwähnen, da diese hier auch sehr wichtig sind.

Suchmaschinen erlauben es uns mit verschiedensten Operatoren wie `site:` die indizierten Ergebnisse zu finden oder mit Operatoren wie `ext:` Treffer weiter einzuschränken um dann nur einen bestimmten Dateityp zu sehen. Man spricht hierbei auch von Google Hacking. Eine Übersicht interessanter Suchanfragen die alle möglichen Informationslücken aufdecken finden Sie unter:

`https://www.exploit-db.com/google-hacking-database`

Außerdem kennen wir schon Webseiten um die `WHOIS`-Daten abzufragen aus dem IP OSINT Kapitel. `WHOIS`-Daten sind auch für Domains verfügbar und oftmals kann man darüber den Namen und die Email-Adresse des Betreibers und von Ansprechpersonen für administrative oder technische Fragen finden! Aus Datenschutzgründen sind diese Informationen aber nicht immer öffentlich einsehbar hinterlegt.

Das erste Tool das wir uns ansehen ist `https://builtwith.com`:

ORF.AT

Technology Profile	Detailed Technology Profile	Meta Profile	Relationship	Redirect	Recommendations	Company

ORF.AT

	First Detected	Last Detected		Technologies
Analytics and Tracking				☐ Hide Removed
ⓕ Facebook Domain Insights Social Management	Jan 2012	Jan 2023		☐ Hide Free
Ⓞ Inforline Feedback Forms and Surveys	Jun 2020	Nov 2021	⊘ $	☐ Hide Established
Ⓠ Dynatrace Application Performance	May 2017	Sep 2020	⊘ $	orf.at
Amazon Advertising Sizmek Ad Suite Audience Measurement	May 2013	Nov 2018	⊘	orf.at/* Internal pages of orf.at
Ⓖ DoubleClick Floodlight	Apr 2015	Apr 2018	⊘	tv.orf.at
Exactag	May 2016	May 2016	⊘ $	
Widgets				mx.orf.at
Didomi Privacy Compliance	Sep 2021	Jan 2023	$	hd.orf.at
Twitter Embedded Tweets	Sep 2015	Jan 2023		noe.orf.at
COVID-19	Mar 2020	Jan 2023		

Diese Webseite erlaubt es uns genau zu analysieren welche Web-Technologien (*Serverdienste, Frameworks, Plugins, Widgets, Analysetools, CDNs, usw.*) verwendet wurden um eine Seite zu entwickeln.

Außerdem sehen wir so auch welche Weiterleitungen auf diese Seite führen:

ORF.AT
All Inbound Redirects

	Domain	Country	First Detected	Last Detected
⊙	orf.eu	▬	2018-09-12	2023-01-12 3 days ago
⊙	orf.com	✓	2018-09-12	2023-01-12 3 days ago
⊙	orf.info	⊕	2018-09-24	2023-01-12 3 days ago
⊙	orf.net	✓	2018-10-25	2023-01-12 3 days ago
⊙	orf.cloud		2022-05-11	2023-01-12 3 days ago
⊙	orf.lerntherapie.at	▬	2022-12-24	2022-12-24 22 days ago
⊙	pravda.at	▬	2018-09-12	2023-01-14 1 days ago

Derartige Informationen sind für Pentester sehr wichtig um eventuelle Schwachstellen zu identifizieren.

Ein Browser-Plugin, dass ähnliche Informationen liefert wäre Wappalyzer. Dieses Plugin ist für die gängigen Browser erhältlich, liefert aber bei weitem nicht so detaillierte Informationen.

Dennoch ist es recht nützlich um sich einen schnellen Überblick zu verschaffen:

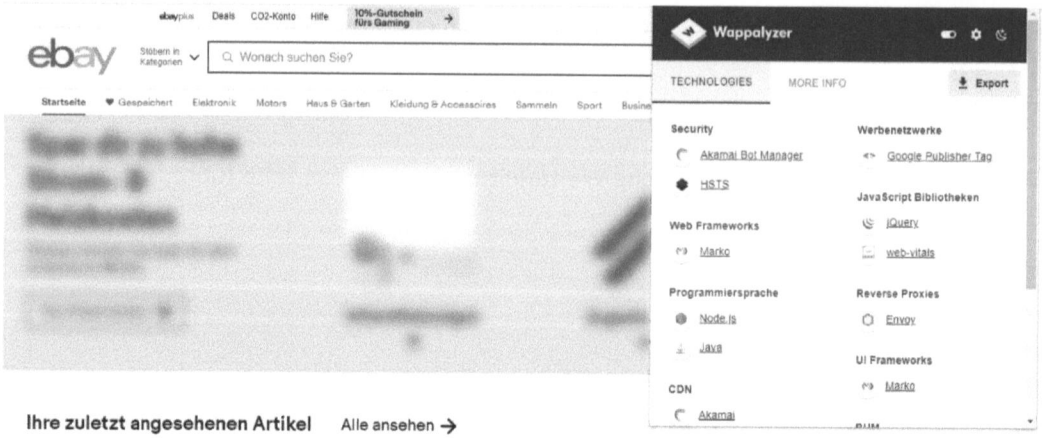

Eine Webseite die DNS-, WHOIS- und andere Abfragen kombiniert und einen ausführlichen und übersichtlichen Report liefert ist `https://centralops.net/co/` – suchen wir nach `orf.at` erhalten wir beispielsweise folgende Ausgabe:

Address lookup

canonical name orf.at.

aliases

addresses 194.232.104.150
194.232.104.149
194.232.104.3
194.232.104.141
194.232.104.4
194.232.104.142
194.232.104.140
194.232.104.139
2a01:468:1000:9::139
2a01:468:1000:9::149
2a01:468:1000:9::3
2a01:468:1000:9::141
2a01:468:1000:9::150
2a01:468:1000:9::140
2a01:468:1000:9::4
2a01:468:1000:9::142

Domain Whois record

Queried **whois.nic.at** with "orf.at"...

```
domain:           orf.at
registrar:        APA-IT Informations Technologie GmbH (
https://nic.at/registrar/658 )
registrant:       <data not disclosed>
tech-c:           AITG8960167-NICAT
nserver:          ns3.apa.at
nserver:          ns4.apa.net
changed:          20211118 10:06:17
source:           AT-DOM

personname:       APA Tech
organization:     APA-IT Informations Technologie GmbH
street address:   Laimgrubengasse 10
postal code:      1060
city:             Wien
country:          Austria
phone:            +431360606666
fax-no:           +43136060926666
e-mail:           servicedesk@apa.at
nic-hdl:          AITG8960167-NICAT
changed:          20200107 10:33:09
source:           AT-DOM
```

Network Whois record

Queried **whois.ripe.net** with "**-B 194.232.104.150**"...
```
% Information related to '194.232.104.0 - 194.232.104.255'

% Abuse contact for '194.232.104.0 - 194.232.104.255' is 'technik@orf.at'

inetnum:          194.232.104.0 - 194.232.104.255
netname:          HOUSING-NET
country:          AT
org:              ORG-OR44-RIPE
admin-c:          AN6666-RIPE
tech-c:           AN6666-RIPE
status:           ASSIGNED PA
mnt-by:           AS5403-MNT
created:          2009-06-09T13:15:15Z
last-modified:    2017-11-02T13:48:49Z
source:           RIPE

organisation:     ORG-OR44-RIPE
org-name:         ORF-Oesterreichischer Rundfunk
country:          AT
```

```
org-type:        OTHER
address:         Würzburggasse 30
address:         1136 Wien
e-mail:          netzwerk.support@orf.at
abuse-c:         ACRO10731-RIPE
mnt-ref:         AS5403-MNT
mnt-by:          AS5403-MNT
created:         2017-10-19T08:40:47Z
last-modified:   2022-12-01T16:41:25Z
source:          RIPE

role:            APA Network Admin
address:         APA - IT Informations Technologie GmbH
address:         Laimgrubengasse 10
address:         A-1060 Vienna
phone:           +43 (1) 36060 6666
e-mail:          noc@apa.at
remarks:         trouble: Information: http://www.apa-it.at
remarks:         trouble: Questions and bug reports
remarks:         mailto:hotline@apa.at
admin-c:         EF1420-RIPE
admin-c:         HT13-RIPE
tech-c:          EF1420-RIPE
tech-c:          HT13-RIPE
nic-hdl:         AN6666-RIPE
mnt-by:          AS5403-MNT
created:         2002-05-03T08:33:40Z
last-modified:   2015-01-21T14:39:05Z
source:          RIPE

% Information related to '194.232.104.0/24AS5403'

route:           194.232.104.0/24
descr:           APA-NET
origin:          AS5403
mnt-by:          AS5403-MNT
created:         2020-09-25T12:39:03Z
last-modified:   2020-09-25T12:39:03Z
source:          RIPE

% This query was served by the RIPE Database Query Service version 1.105
(ABERDEEN)
```

DNS records

name	class	type	data	time to live	
orf.at	IN	AAAA	2a01:468:1000:9::3	10800s	(03:00:00)
orf.at	IN	AAAA	2a01:468:1000:9::139	10800s	(03:00:00)
orf.at	IN	AAAA	2a01:468:1000:9::140	10800s	(03:00:00)
orf.at	IN	AAAA	2a01:468:1000:9::141	10800s	(03:00:00)
orf.at	IN	AAAA	2a01:468:1000:9::142	10800s	(03:00:00)
orf.at	IN	AAAA	2a01:468:1000:9::4	10800s	(03:00:00)
orf.at	IN	AAAA	2a01:468:1000:9::149	10800s	(03:00:00)
orf.at	IN	AAAA	2a01:468:1000:9::150	10800s	(03:00:00)
orf.at	IN	TXT	ORF - Oesterreichischer Rundfunk, Vienna, Austria	86400s	(1.00:00:00)
orf.at	IN	TXT	Sendinblue-code:aa2789879467a12bc6861a37ecf4889f:	86400s	(1.00:00:00)
orf.at	IN	TXT	facebook-domain-verification=h5iukx3whdxw0bgin4yto1tzdneevb	86400s	(1.00:00:00)
orf.at	IN	TXT	v=spf1 a:orf.at a:ips.orf.at mx:orf.at include:spf.mailjet.com include:spf.eyepinnews.com ~all	86400s	(1.00:00:00)
orf.at	IN	TXT	google-site-verification=x-x0HIFf8WLZAZ0GyCaEfTFs8bav35iVLSj30TnJA-w	86400s	(1.00:00:00)
orf.at	IN	TXT	apple-domain-verification=etWXe70imKjQwjlF	86400s	(1.00:00:00)
orf.at	IN	MX	preference: 10 exchange: mx1.orf.at	86400s	(1.00:00:00)

orf.at	IN	MX	preference: 10 exchange: mx2.orf.at		86400s	(1.00:00:00)
orf.at	IN	NS	ns3.apa.at		10800s	(03:00:00)
orf.at	IN	NS	ns4.apa.net		10800s	(03:00:00)
orf.at	IN	A	194.232.104.150		86400s	(1.00:00:00)
orf.at	IN	A	194.232.104.142		86400s	(1.00:00:00)
orf.at	IN	A	194.232.104.4		86400s	(1.00:00:00)
orf.at	IN	A	194.232.104.139		86400s	(1.00:00:00)
orf.at	IN	A	194.232.104.141		86400s	(1.00:00:00)
orf.at	IN	A	194.232.104.3		86400s	(1.00:00:00)
orf.at	IN	A	194.232.104.140		86400s	(1.00:00:00)
orf.at	IN	A	194.232.104.149		86400s	(1.00:00:00)
orf.at	IN	SOA	server: ns3.apa.at email: netadmin@orf.at serial: 2022102667 refresh: 900 retry: 3600 expire: 604800 minimum ttl: 10800		86400s	(1.00:00:00)

Service scan

FTP - 21   Error: TimedOut

SMTP - 25   Error: TimedOut

HTTP - 80
```
HTTP/1.1 301 Moved Permanently
Date: Sun, 15 Jan 2023 11:32:15 GMT
Server: Apache
Vary: Origin
Location: https://orf.at/
Cache-Control: max-age=0
Expires: Sun, 15 Jan 2023 11:32:15 GMT
Connection: close
Content-Type: text/html; charset=iso-8859-1
```

POP3 - 110   Error: TimedOut

IMAP - 143   Error: TimedOut

HTTPS - 443
```
Certificate validation errors: None
Signature algorithm: sha256RSA
Public key size: 2048 bits
Issuer: CN=Entrust Certification Authority - L1K, OU="(c)
2012 Entrust, Inc. - for authorized use only", OU=See
www.entrust.net/legal-terms, O="Entrust, Inc.", C=US
Subject: CN=*.orf.at, O=Oesterreichischer Rundfunk,
L=Vienna, S=Vienna, C=AT
Subject Alternative Name: DNS Name=*.orf.at, DNS
Name=orf.at
Serial number: 5E6D471907E56F06175DA5E19DABB312
Not valid before: 2022-03-24 12:03:50Z
Not valid after: 2023-04-22 12:03:50Z
SHA1 fingerprint: 2258118B3972D336B0F02352B3ADCDB0103454F7

HTTP/1.1 200 OK
Date: Sun, 15 Jan 2023 11:32:19 GMT
Server: Apache
Vary: Origin
X-Cache: HIT from localhost
```

```
ETag: "oK/eONTeOkzf/V2H826Reg=="
Content-Type: text/html;charset=utf-8
Cache-Control: max-age=0
Expires: Sun, 15 Jan 2023 11:32:19 GMT
Strict-Transport-Security: max-age=2592000
Content-Security-Policy: upgrade-insecure-requests
X-Content-Type-Options: nosniff
X-XSS-Protection: 1; mode=block
Referrer-Policy: strict-origin-when-cross-origin
Connection: close
```

-- end --

Wir können uns so die wichtigsten technischen Informationen rund um eine Domain auf einmal abfragen.

Oftmals arbeitet man hierbei immer wieder zwischen IP- und Domain Abfragen hin- und her um zB andere Webseiten zu finden die wieder auf den alternativen Server liegen oder herauszufinden welchem Provider die IP gehört um dann zu sehen wo eine Webseite gehostet wird.

Diese zwei Teilbereiche sind also sehr eng miteinander verknüpft!

Außerdem finden wir einige weitere Informationen in DNS-Abfragen. Hier sehen wir neben der Webserver IP-Adressen (A *für IPv4 und* AAAA *für IPv6*) noch Mailserver (MX), Nameserver (NS), Informationen über die Domain / Zone (SOA) und diverse textbasierte Informationen (TXT).

In den SOA-Eintrag finden wir zB die Email des Administrators und die TXT-Einträge liefern uns unter Anderem Sendinblue-code, facebook-domain-verification, google-site-verification und apple-domain-verification womit wir wieder auf verwendete Dienste oder Beziehungen zwischen Seiten schließen können.

Oftmals sind Mailserver auch sehr interessant – damit können wir die Verwendung von externen Diensten wie zB Office365 erkennen.

Der Service-Scan liefert uns dann quasi ähnliche Informationen wie shodan.io! Hier finden wir Informationen über den Zertifikat-Aussteller (Entrust), Webserver (Apache) und diverse Sicherheitsvorkehrungen wie:

- Strict-Transport-Security: max-age=2592000
- Content-Security-Policy: upgrade-insecure-requests
- X-Content-Type-Options: nosniff

Diese Informationen sind wiederum für einen Pentest sehr wertvoll... Teilweise kann man darüber auch die Programmversionen oder verwendeten Scriptsprachen ermitteln – zB:

- X-Powered-By: PHP/7.3.23
- X-Redirected-By: Wordpress
- Server: Apache/2.4.29 (Ubuntu)
- etc.

Eine Webseite, die uns weitere Webseiten auf der gleichen IP liefern kann (Reverse-DNS) ist https://spyonweb.com:

194.232.104.150

IP Address:	194.232.104.150 (whois)
JSON API:	Sign in

IP Address*

* Shows all the websites that share one ip address. Websites with one ip address do not belong to the same owner in case of shared hosting.

Interessant ist hierbei, dass wir auch nach Google-Tags (UA-xxxxxx) oder Adsense-IDs (pub-xxxxxxxxxxxxx) suchen können. Der Google-Tag ist dazu da eine Seite mit einem bestimmten Analytics Konto zu verknüpfen – findet man mehrere Seiten die in das gleiche Analytics Konto laufen, kann man so eventuell bestimmte Beziehungen aufdecken. Das Gleiche gilt natürlich auch für zwei Webseiten mit der gleichen Adsense-ID…

Auf virustotal.com können wir nicht nur IP-Adressen, sondern auch Domains suchen! Hier erfahren wir ähnlich wie bei den IP-Adressen etwas darüber ob eine Seite als gefährlich eingestuft wurde. Außerdem verrät uns der Details-Tab einige Informationen wie Kategorisierung durch Virenscanner, IP, Header, usw.:

http://hackenlernen.com/	403	text/html	2020-10-16 19:08:45 UTC	
hackenlernen.com	Status	Content Type	2 years ago	
text/html				

SUMMARY   DETECTION   DETAILS   LINKS   COMMUNITY

Categories ⓘ

Comodo Valkyrie Verdict	Comodo Valkyrie Verdict media sharing
BitDefender	BitDefender parked

History ⓘ

First Submission	2018-10-04 15:18:33 UTC
Last Submission	2020-10-16 19:08:45 UTC
Last Analysis	2020-10-16 19:08:45 UTC

HTTP Response ⓘ

Final URL
http://hackenlernen.com/

Der Links-Tab liefert uns Informationen über ausgehende Links.

Wenn uns eingehende Links interessieren, können wir verschiedenste so-genannte Backlink-Checker nutzen:

- `https://smallseotools.com/backlink-checker/`
- `https://www.semrush.com/analytics/backlinks/`
- `https://www.seoreviewtools.com/valuable-backlinks-checker/`
- `https://neilpatel.com/backlinks/`
- uvm.

Eine weitere Möglichkeit mehr über eine Seite und auch deren Nutzer zu erfahren ist eine Suche in den sozialen Medien wie Twitter, Reddit, Facebook, etc.

Bei `reddit.com` können wir die URL `https://www.reddit.com/domain/[DOMAIN]/` verwenden um Erwähnungen der Domain zu finden – zB:

`https://www.reddit.com/domain/orf.at/`

So können wir auch wieder bestimmte Personen oder Usernamen mit einer Webseite in Verbindung bringen vor allem wenn diese Person recht häufig die Webseite postet. Leider war die Liste der Treffer bei meinen Tests nicht vollständig.

Die Seite `https://visualping.io` erlaubt es uns eine Webseite zu überwachen. So können wir uns benachrichtigen lassen sobald Änderungen auf dieser Webseite erfolgen. Hierbei können wir auf visuelle oder textliche Änderungen prüfen.

Generell sind auch diverse SEO-Tools wie

- `https://www.link-assistant.com/`
- `https://www.xovi.de/`
- usw.

sehr hilfreich bei der Analyse von Webseiten da man hier von Suchmaschinenpositionen über Backlinks bis hin zu technischen Analysen viel in Erfahrung bringen kann.

Eine weitere interessante Seite, die uns alle möglichen Tools rund um DNS, Nameserver, IP, etc. bietet ist `https://viewdns.info`.

Besonders interessant finde ich in diesem Zusammenhang die IP-History über die wir in Erfahrung bringen können wo eine Webseite in der Vergangenheit gehostet wurde:

ViewDNS.info

Tools | API | Research | Data

ViewDNS.info > Tools > **IP History**

Shows a historical list of IP addresses a given domain name has been hosted on as well as where that IP address is geographically located, and the owner of that IP address.

Domain (e.g. *domain.com*):

[   ] [GO]

IP history results for xxxxxxxxxxx-xxxxxxxx.com.
===============

IP Address	Location	IP Address Owner	Last seen on this IP
85.13.139.40	Germany	Neue Medien Muennich GmbH	2022-12-26
85.13.138.213	Germany	Neue Medien Muennich GmbH	2021-06-07
85.13.155.146	Germany	Neue Medien Muennich GmbH	2020-04-29
64.37.52.152	Orlando - United States	HostDime.com	2016-11-11

Der SPAM-Database Lookup ist ebenfalls in vielen Fällen interessant obwohl diese Funktion eigentlich eine IP-Adresse und keine Domain prüft... Sie sehen aber an diesem Beispiel auch gut wie eng oft IP- und Domain-OSINT zusammenspielen.

Ein weiterer interessanter Punkt wären Subdomains. Diese könnte man beispielsweise mit einer Kombination aus Google-Dorks Stück für Stück identifizieren, das ist allerdings etwas mühsam! Dazu gibt es bessere Tools - zB:

`https://pentest-tools.com/information-gathering/find-subdomains-of-domain`

TLS-Zertifikate enthalten die Domains und Subdomains für die sie gültig sind und können beispielsweise über `https://crt.sh` gesucht werden. Wir können diese Seite aber auch nutzen um nach einer Domain bzw. den ganzen Subdomains zu suchen!

Dazu suchen wir zB nach `%.orf.at` wobei hier das %-Zeichen ein Platzhalter für beliebige Zeichen ist. Damit erhalten wir:

crt.sh ID	Logged At ⇧	Not Before	Not After	Common Name	Issuer Name
8428008990	2023-01-09	2023-01-09	2023-04-09	mein.extra.orf.at	C=US, O=Let's Encrypt, CN=R3
8379577205	2023-01-09	2023-01-09	2023-04-09	mein.extra.orf.at	C=US, O=Let's Encrypt, CN=R3
8382255688	2023-01-04	2023-01-04	2023-04-04	hd.orf.at	C=US, O=Let's Encrypt, CN=R3
8354344780	2023-01-04	2023-01-04	2023-04-04	hd.orf.at	C=US, O=Let's Encrypt, CN=R3
8382255828	2023-01-04	2023-01-04	2023-04-04	hd.orf.at	C=US, O=Let's Encrypt, CN=R3
8364012739	2023-01-04	2023-01-04	2023-04-04	hd.orf.at	C=US, O=Let's Encrypt, CN=R3
8351254127	2023-01-02	2023-01-02	2023-04-02	piwik.werbenmal9.orf.at	C=US, O=Let's Encrypt, CN=R3
8343904958	2023-01-02	2023-01-02	2023-04-02	piwik.werbenmal9.orf.at	C=US, O=Let's Encrypt, CN=R3
8291107879	2022-12-26	2022-12-26	2023-03-26	piwik.werbenmal9.orf.at	C=US, O=Let's Encrypt, CN=R3
8286996451	2022-12-26	2022-12-26	2023-03-26	piwik.werbenmal9.orf.at	C=US, O=Let's Encrypt, CN=R3
8231150966	2022-12-17	2022-12-17	2023-03-17	r.mailsender.orf.at	C=US, O=Let's Encrypt, CN=R3
8223762557	2022-12-17	2022-12-17	2023-03-17	r.mailsender.orf.at	C=US, O=Let's Encrypt, CN=R3
8230776779	2022-12-17	2022-12-17	2023-03-17	www.mein.orf.at	C=US, O=Let's Encrypt, CN=R3
8223029042	2022-12-17	2022-12-17	2023-03-17	www.mein.orf.at	C=US, O=Let's Encrypt, CN=R3
8106981655	2022-11-30	2022-11-30	2023-02-28	zukunft.orf.at	C=US, O=Let's Encrypt, CN=R3
8096034492	2022-11-30	2022-11-30	2023-02-28	zukunft.orf.at	C=US, O=Let's Encrypt, CN=R3
8106980380	2022-11-30	2022-11-30	2023-02-28	zukunft.orf.at	C=US, O=Let's Encrypt, CN=R3
8091137756	2022-11-30	2022-11-30	2023-02-28	zukunft.orf.at	C=US, O=Let's Encrypt, CN=R3
8036959626	2022-11-22	2022-11-22	2023-02-20	mitmachen.extra.orf.at	C=US, O=Let's Encrypt, CN=R3
8035471315	2022-11-22	2022-11-22	2023-02-20	mitmachen.extra.orf.at	C=US, O=Let's Encrypt, CN=R3
8020700183	2022-11-20	2022-11-20	2023-02-18	momente.extra.orf.at	C=US, O=Let's Encrypt, CN=R3
8018067187	2022-11-20	2022-11-20	2023-02-18	momente.extra.orf.at	C=US, O=Let's Encrypt, CN=R3
7990127459	2022-11-16	2022-11-16	2023-02-14	hd.orf.at	C=US, O=Let's Encrypt, CN=R3
7985273845	2022-11-16	2022-11-16	2023-02-14	hd.orf.at	C=US, O=Let's Encrypt, CN=R3
7990127255	2022-11-16	2022-11-16	2023-02-14	hd.orf.at	C=US, O=Let's Encrypt, CN=R3
7985273804	2022-11-16	2022-11-16	2023-02-14	hd.orf.at	C=US, O=Let's Encrypt, CN=R3
7988788446	2022-11-16	2022-11-16	2023-02-14	shop.orf.at	C=US, O=Let's Encrypt, CN=R3
7984174107	2022-11-16	2022-11-16	2023-02-14	shop.orf.at	C=US, O=Let's Encrypt, CN=R3
7986598560	2022-11-15	2022-11-15	2023-02-13	enterprise.orf.at	C=US, O=Let's Encrypt, CN=R3
7982757228	2022-11-15	2022-11-15	2023-02-13	enterprise.orf.at	C=US, O=Let's Encrypt, CN=R3
7953298228	2022-11-11	2022-11-11	2023-02-09	rkhstage.orf.at	C=US, O=Let's Encrypt, CN=R3
Usw.					

Damit legen wir alle möglichen Subdomains offen und alle möglichen genutzten Dienste. Bei diesem kurzen Auszug aus der gesamten Liste fällt mir zB der Begriff Piwik direkt ins

Auge. Dies ist ein Script um die Zugriffe auf die eigene Webseite auszuwerten und damit können wir schon wieder auf eingesetzte Tools schließen.

Weitere interessante Einträge lassen zusätzliche Rückschlüsse zu:

7538520769	2022-09-14	2022-09-14	2023-09-30	langenacht.orf.at	C=US, O="Entrust, Inc.", OU=See www.entrust.net/legal-terms, OU="(c) 2012 Entrust, Inc. - for authorized use only", CN=Entrust Certification Authority - L1K
7496631038	2022-09-08	2022-09-08	2023-10-07	contentsales.orf.at	C=US, O=Amazon, OU=Server CA 1B, CN=Amazon

So sehen wir hier, dass neben den ganzen Let's Encrypt Zertifikaten von der vorherigen Liste hier auch Zertifikate von Entrust und Amazon benutzt werden. Letzteres legt zB die Vermutung nahe, dass hier auch AWS genutzt wird. Dies ließe sich dann mit dem Auflösen der Subdomain zur IP und einer WHOIS-Abfrage für die IP schnell klären...

Auf diese Weise kann man alle Subdomains die TLS-Zertifikate haben aufdecken. Hierbei finden sich auch Dinge wie das oben schon gefundene Piwik oder andere Subdomains die wahrscheinlich nur für den Gebrauch durch Mitarbeiter gedacht sind:

6998273385	2022-06-24	2022-06-24	2023-06-30	weboffice.orf.at	C=US, O="Entrust, Inc.", OU=See www.entrust.net/legal-terms, OU="(c) 2012 Entrust, Inc. - for authorized use only", CN=Entrust Certification Authority - L1K
6998273385	2022-06-24	2022-06-24	2023-06-30	webmail.orf.at	C=US, O="Entrust, Inc.", OU=See www.entrust.net/legal-terms, OU="(c) 2012 Entrust, Inc. - for authorized use only", CN=Entrust Certification Authority - L1K

Derartige Informationen sind zB für einen Pentester sehr wichtig. Oftmals finden sich hier Subdomains mit in der Entwicklung befindlichen neuen Versionen der Webseite, die gerade getestet werden oder andere Dinge, die nur für den Firmeninternen gebrauch gedacht waren.

Viele Administratoren machen bei derartigen Subdomains oft den Fehler, dass hier die Sicherheitsrichtlinien nicht so hoch angesetzt werden. Schließlich genießen Mitarbeiter etwas mehr Vertrauen als all die "bösen" Leute im Internet. Hier wird dann oft vergessen, dass derartige Subdomains zwar nicht in Google gelistet werden aber dennoch mit OSINT schnell aufzudecken sind!

Die im nächsten Kapitel gezeigte Webseite ist ebenfalls nützlich um sich anzusehen was sich auf einer Webseite verändert hat aber damit ist viel mehr möglich als nur das.

Daher habe ich dem Web-Archiv (*Waybackmachine*) ein eigenes Kapitel gewidmet!

EIN BLICK IN DIE VERGANGENHEIT

Vergessen Sie bei OSINT niemals darauf auch alte Versionen von Webseiten zu prüfen!

Im Web-Archiv (`https://archive.org/web`) können wir alte Versionen einer Webseite finden.

Nur weil eine Bildsuche beispielsweise nichts erbracht hat, kann man Bilder einer Person durchaus in alten Versionen von Webseiten finden – zB wenn die Person aktuell nicht mehr bei der Firma angestellt ist, kann diese durchaus in der Vergangenheit Mitarbeiter der Firma gewesen sein!

Der Blick in die Vergangenheit offenbart so auch ehemalige Mitgliedschaften oder ehemalige Arbeitgeber und kann damit neue Ansätze liefern. War eine Person beispielsweise in der Vergangenheit für dem technischen Kundendienst oder das Marketing tätig, liegt es nahe, dass diese Person eine entsprechende Ausbildung haben müsste.

Bei einigen Berufen gibt es nicht so viele Schulen in denen man bestimmte Dinge lernen kann und eventuell finden sich weitere Informationen, wenn man die Webseiten dieser Schulen oder alte Versionen dieser Webseiten prüft.

Je bekannter eine Seite ist umso mehr Treffer wird die Waybackmachine finden. Es gibt jedoch keine Garantie, dass es von einer bestimmten Seite eine archivierte Version von einem bestimmten Zeitpunkt gibt!

Wenn wir das Web-Archiv öffnen, müssen wir nur die gewünschte URL eingeben und wir können uns eine Liste aller zwischengespeicherten Versionen aus der Vergangenheit anzeigen lassen – wählen Sie in der Jahres-Leiste das gewünschte Jahr aus um die einzelnen Archivierungs-Zeitpunkte im Kalender anzeigen zu lassen:

Sobald wir das gesuchte Datum ausgewählt haben, können wir sehen wie die Seite von Microsoft am 10.01.2004 aussah:

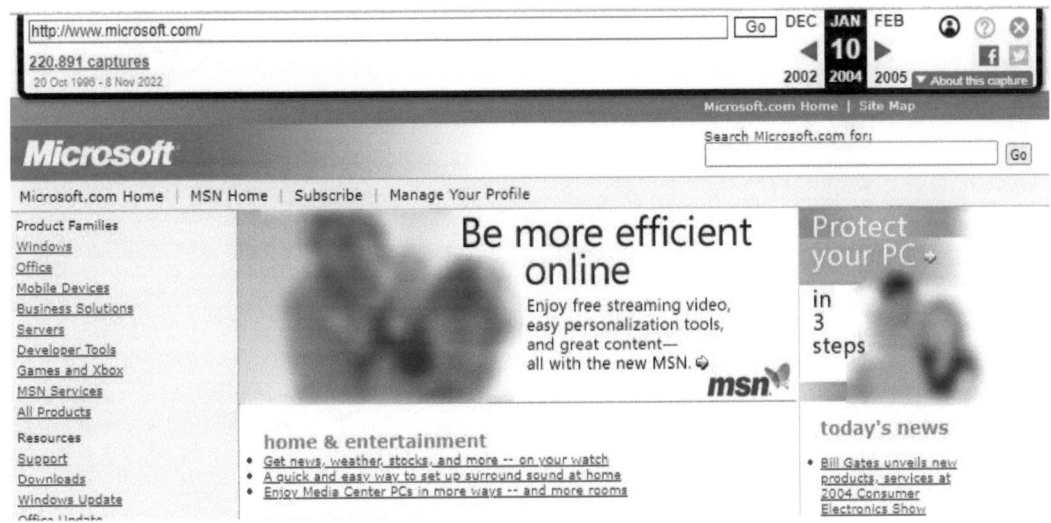

SOCIAL MEDIA OSINT

Soziale Medien sind heute kaum noch wegzudenken und so gut wie jeder läuft heutzutage mit einem Taschencomputer mit eingebauter Digitalkamera (*Smartphone*) herum.

Da ist es nicht verwunderlich, dass Meldungen über aktuelle Ereignisse sich oftmals schneller in den sozialen Medien verbreiten als über die klassischen Nachrichten. Außerdem können Reporter nicht überall sein – irgendjemand mit einem Twitter- oder Facebook-Account ist mit seinem Mobiltelefon meistens in der Nähe. Damit werden soziale Medien oftmals zu einer sehr guten Informationsquelle auch wenn die "Berichterstattung" nicht immer völlig neutral ist...

Wollen Sie das Kriegsgeschehen in Cherson (*Ukraine*) verfolgen, suchen Sie in Twitter nach:

`geocode:46.65851,32.61349,30km`

Hierbei übergeben wir die Geokoordinaten und einen Radius. Die Geokoordinaten können wir mit einem Rechtsklick in Google Maps ermitteln:

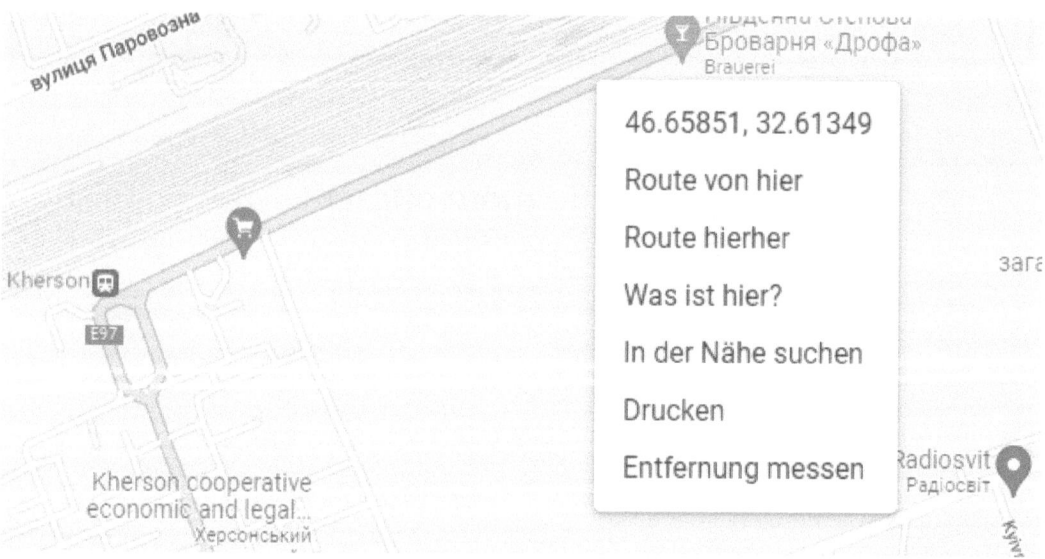

Sobald Sie den Eintrag `46.65851,32.61349` anklicken, werden die Geokoordinaten kopiert.

Soziale Medien machen es extrem schwer, wenn nicht gänzlich unmöglich in derartigen Situationen den Informationsfluss zu kontrollieren. So werden in späterer Folge viele Posts auf sozialen Medien auch für eine Strafverfolgung relevant sein.

Natürlich sind auch andere Dienste wie Youtube, TikTok, etc. interessant. Recherchiert man zu bestimmten Ereignissen, sollte man die sozialen Medien nicht unterschätzen.

Follower-Analyse

Eine weitere interessante Tatsache ist, dass in der Regel die ersten Follower Bekannte, Freunde oder Verwandte sind.

Dieses Wissen können wir nutzen um uns das persönliche Umfeld einer Person genauer anzusehen. Selbst wenn der Account einer bestimmten Person wenige persönliche Details verrät, kann durchaus eine andere Person aus dem Umfeld der Zielperson weitere Details über die Zielperson preisgeben.

Nicht jeder ist vorsichtig oder zurückhaltend bei seinen Posts in sozialen Medien und so können auch Personen, die gar keine sozialen Medien nutzen, in den Postings ihres Umfeldes auftauchen.

Bei sozialen Medien werden Follower in der Regel in chronologischer Reihenfolge angezeigt. Die ersten Follower sind hierbei normalerweise die letzten in der Liste.

Die Analyse von deren Profilen, kann einige mögliche Ansatzpunkte bringen. Viele Leute lernen ihre Freunde in der Schule oder am Arbeitsplatz, bei Freizeitaktivitäten oder ähnlichem kennen.

Somit kann man die Schulen, Arbeitgeber, Hobbies, etc. der ersten Follower überprüfen und oftmals findet man Gemeinsamkeiten mit der Zielperson. Diese kann zB auf Fotos auf einer Vereinshomepage auftauchen. Denken Sie dabei wieder an den Blick in die Vergangenheit!

Twitter OSINT

Twitter ist eine sehr ergiebige Plattform für OSINT Analysen. Es gibt eine Fülle von Werkzeugen um Twitter-Accounts genauer unter die Lupe zu nehmen.

Das erste Tool, dass wir uns ansehen wollen ist

`http://geosocialfootprint.com`

Diese Webseite erlaubt es uns eine geografische Heatmap von Posts eines bestimmten Twitter-Accounts zu erstellen. Sehen wir uns dazu Steve Wozniaks Account (`stevewoz`) als Beispiel an:

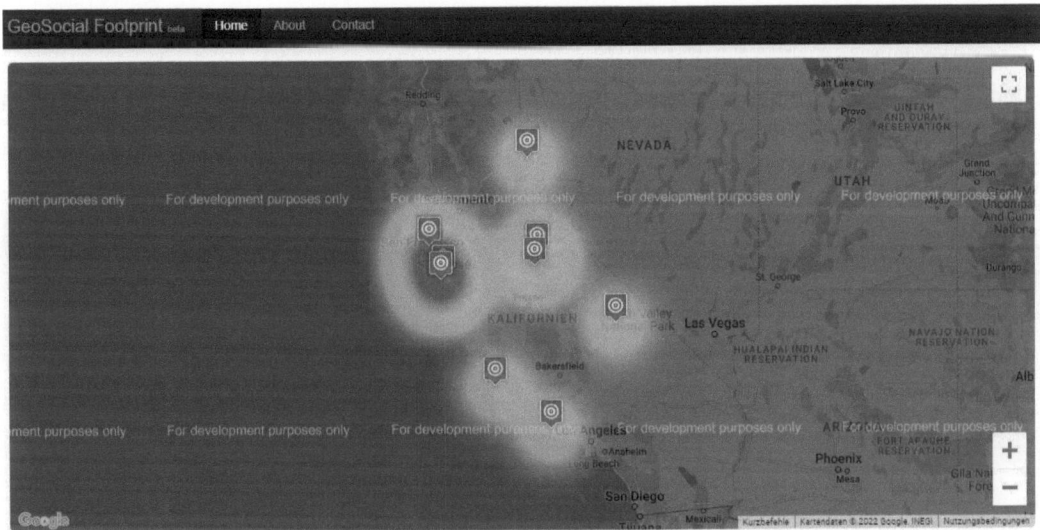

Das Problem hierbei ist, dass nur die letzten 200 Tweets benutzt werden. Heutzutage haben die meisten das Geo-Tagging deaktiviert und so würde man unter Umständen noch Geodaten in alten Tweets finden aber nicht mehr in aktuellen.

Warum dies heute in der Regel deaktiviert ist, wird klar, sobald man sich den größten Hotspot genauer ansieht:

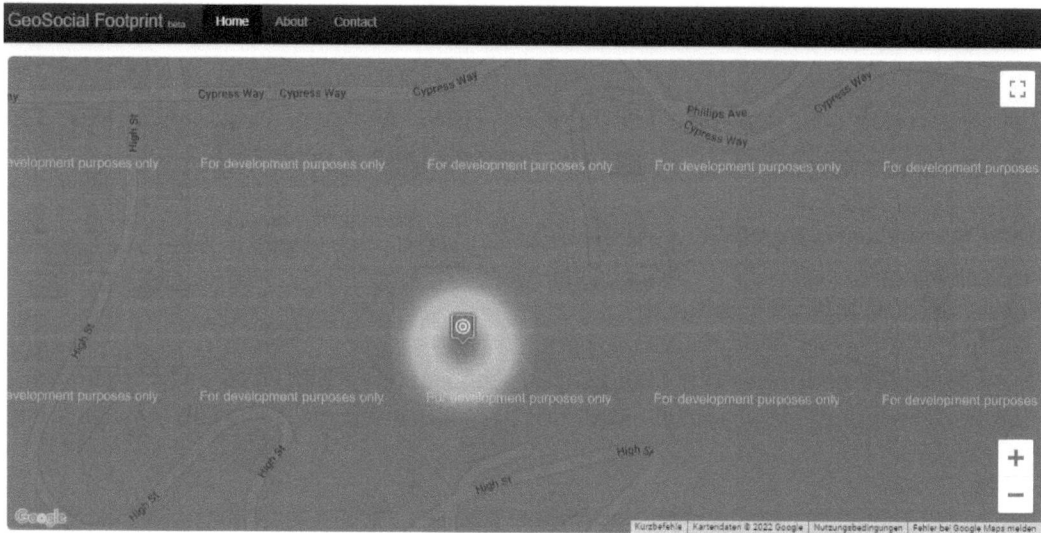

Sucht man sich diesen Ausschnitt in Google Maps heraus, findet man an dieser ungefähren Position (*X*) zwei größere Anwesen (*Kreise*):

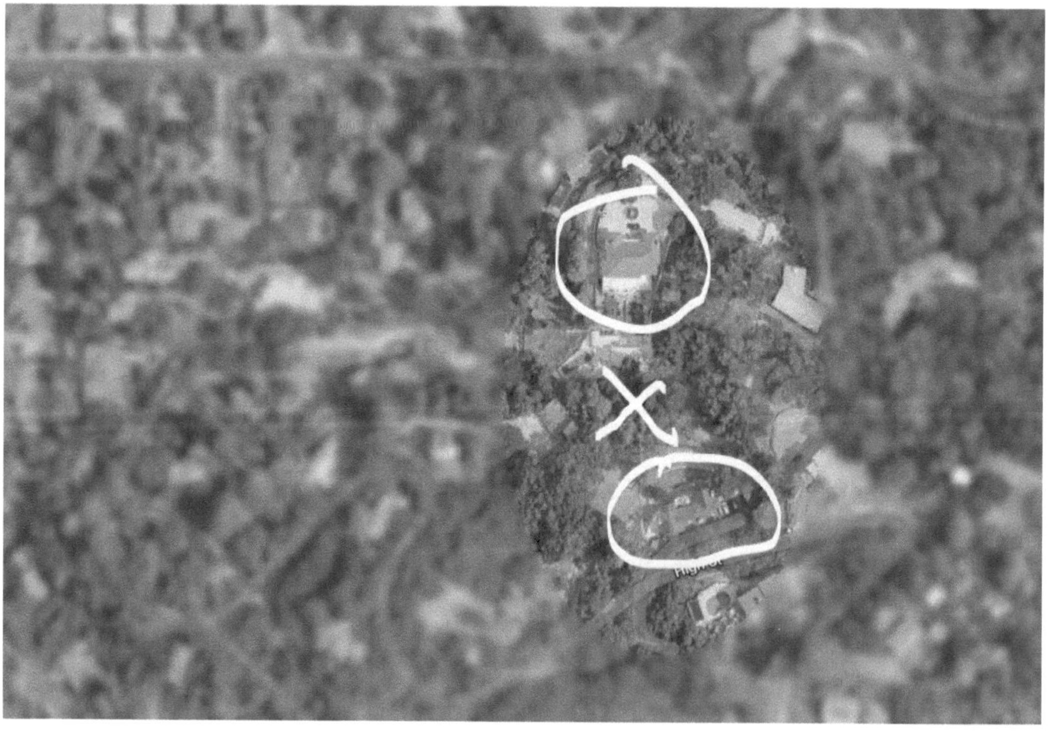

Man kann durchaus annehmen, dass eine Person eine größere Anzahl von Tweets von zu Hause oder vom Arbeitsplatz aus postet als von anderen Orten. Diese Gegend sieht nicht unbedingt nach einem Gewerbepark aus, also haben wir höchstwahrscheinlich Herrn Wozniaks Adresse gefunden.

Außerdem sehen wir wo er etwas gegessen oder etwas getrunken hat in der Heatmap.

Je nach Häufigkeit, können wir auf bevorzugte Lokale, Bars, etc. schließen.

Ein weiteres Tool ist `https://sleepingtime.org`. Auf dieser Webseite können wir sehen wann eine Person auf Twitter aktiv ist:

SLEEPING TIME

Find the sleeping schedule of anyone on Twitter

TECH BLOG   TALL TWEETS   HUNDRED ZEROS   PODCAST GALLERY

Bill Gates is likely to sleep between 9 p.m. and 4 a.m.

🐦 Tweet

Dazu müssen wir uns zuerst mit einem Twitter-Account anmelden und so die App auf unserem Sockpuppet-Account aktivieren.

Dann können wir einfach nach einem Twitter-Handle suchen.

Oben sehen wir, dass ich als Beispiel das Handle `billgates` genommen hatte. Die Webseite erklärt uns auch wie diese Zeitangaben zu Stande kommen:

> *Bill Gates is located in Seattle, WA (Pacific Time (US & Canada) time zone). If the sleeping schedule doesn't appear right, maybe @BillGates hasn't specified the correct timezone in their Twitter profile.*

Das Ergebnis ist ein Durchschnitt der Zeiten in denen keine Posts erfolgten. Hierbei können wir im Umkehrschluss auf die Zeiten schließen an denen eine Person aktiv ist.

Eine weitere Seite, die es erlaubt eine bestimmte Anzahl von Posts zu analysieren ist:

`https://socialbearing.com`

Hierbei werden Tweets nach unterschiedlichen Gesichtspunkten analysiert:

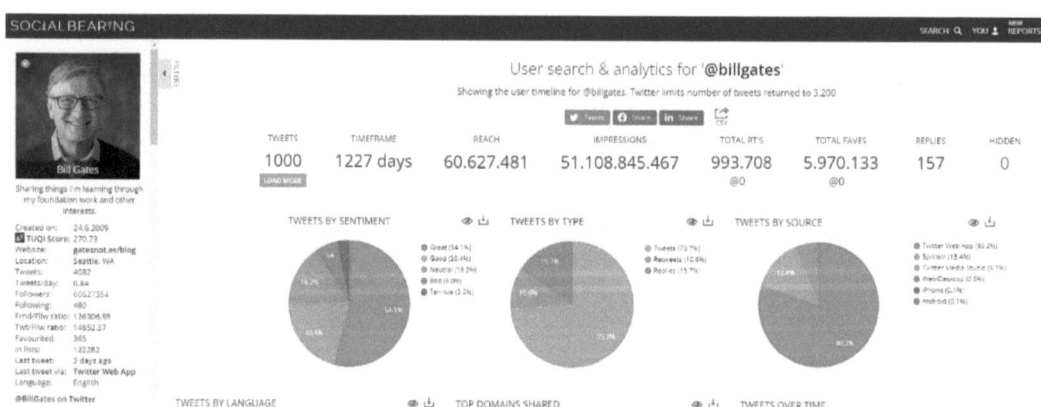

Initial werden die letzten 200 Tweets gelesen aber wir können mit einem Klick auf `Load More` weitere 200 Tweets einlesen.

Der letzte Screenshot zeigt die Verteilung der Tweets nach folgenden Gesichtspunkten:

1. Sprachliche Stimmung (*positiv, neutral und negativ*)
2. Typ (*Tweet, Re-Tweet oder Kommentar*)
3. Herkunft (*Web-App, Desktop-App, Telefon, Drittanbieter-Dienst, ...*)
4. Sprache
5. Zeitlicher Verlauf

Somit können wir auch wieder diverse Schlüsse daraus ziehen und die verwendete Hardware und Software sowie die Mitgliedschaft bei diversen Diensten (*zB Sprinklr*) ableiten.

Darunter folgt dann die Übersicht der einzelnen Tweets - hierbei können wir auch nach bestimmten Typen von Tweets filtern und so die Tweets mit Geolocation von Katy Perrys Account einsehen:

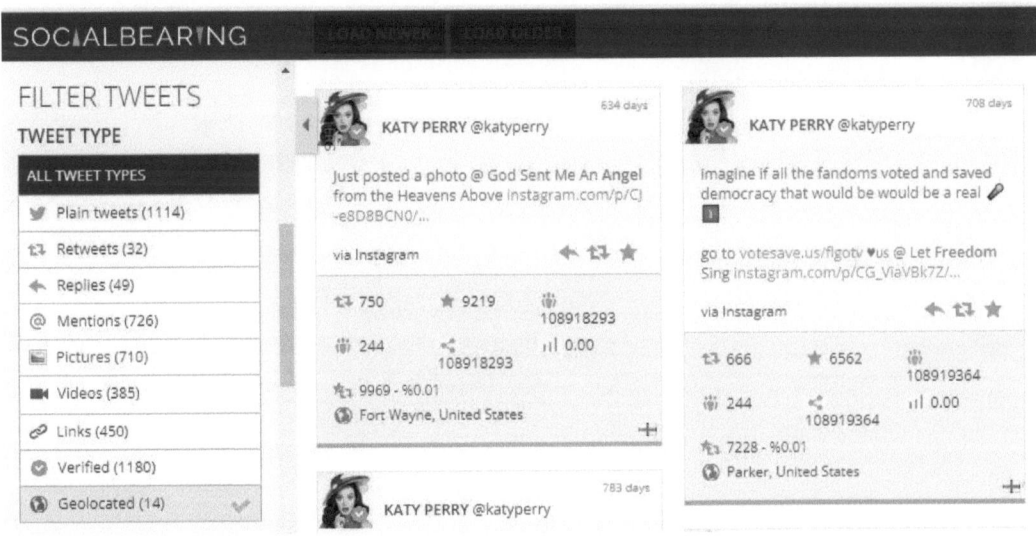

Natürlich können wir auch diverse andere Analysen anwenden und uns Links oder andere Dinge wie Fotos aus den Tweets extrahieren mit denen wir dann weiterarbeiten können.

Ein weiterer interessanter Dienst ist `https://spoonbill.io`!

Nachdem ich wieder meinen Sockpuppet-Account verbunden und der App Zugriff gewährt hatte, sehe ich die Änderungen der Accounts denen ich folge:

⊚ SPOONBILL

📍 Nov. 2, 2022, 10:05 a.m.

elonmusk 🐦 changed their location to:

~~Twitter NY~~
Hell

📍 Nov. 1, 2022, 5 a.m.

elonmusk 🐦 changed their location to:

~~Twitter HQ~~
Twitter NY

ⓘ Nov. 1, 2022, 5 a.m.

elonmusk 🐦 changed their bio to:

~~Chief Twit~~Twitter Complaint Hotline Operator

Diese könnte ich auch nach
- name changes
- bio changes
- website changes
- location changes
- pinned tweet changes

filtern.

Auch dieser Blick in die Vergangenheit kann alte Adressen oder Usernamen liefern.

Hier sehen wir als Beispiel zwei Tage nach der Übernahme von Twitter durch Elon Musk. Die Änderungen in seinem eigenen Account (*Leserichtung von Unten nach Oben*) sprechen Bände!

Weitere interessante Dienste zur Analyse von Twitter Accounts wären:

- Twitonomy.com
- Tweatbeaver.com
- Tinfoleak.com

Facebook OSINT

Facebook ist in Bezug auf OSINT eine deutlich härtere Nuss denn Facebook setzt verstärkt auf Privatsphäre der User und so sind die meisten externen Analysetools mittlerweile nicht mehr nutzbar.

Dennoch können wir in der Suche von Facebook Posts nach markierten Orten und/oder Datum filtern:

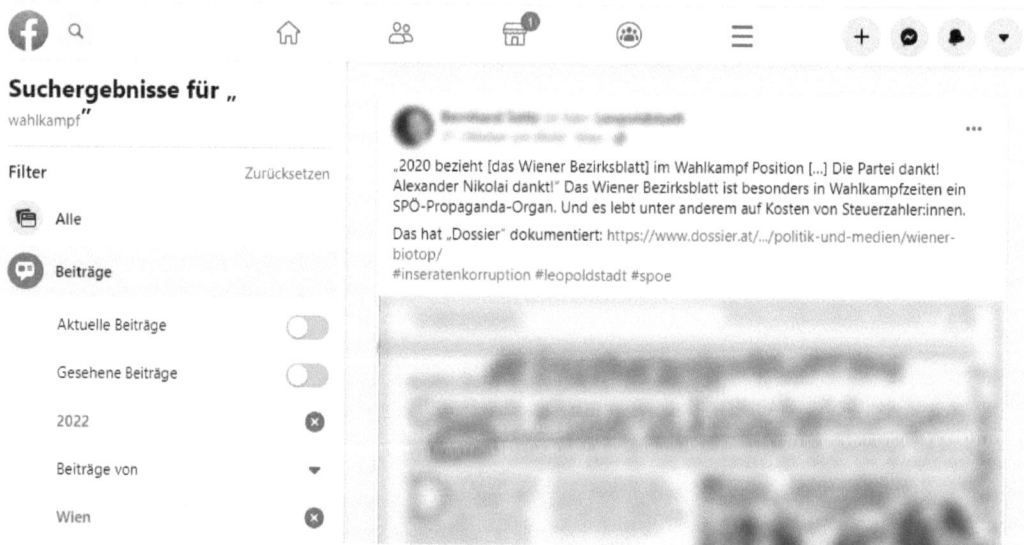

Der Großteil der Arbeit ist hier das manuelle Suchen und Lesen von Beiträgen, Profilen, Kommentaren, etc. und das Auswerten bzw. Markieren von interessanten Informationen. Ein kostenpflichtiges Browser-Plugin, dass uns hierbei gute Dienste leistet ist Hunch.ly!

Damit können Sie Links in einem Fall sammeln, automatisch Screenshots von Seiten erstellen und diese mit Notizen und Tags versehen um Informationen für die Berichterstellung übersichtlich organisiert zu sammeln während Sie sich im Internet umsehen. Dies gilt natürlich nicht nur für Facebook sondern alle Webseiten!

Eine Suche nach "Photos of [NAME]" liefert Fotos von dieser Person und Fotos in denen die Person getaggt wurde:

Die Webseite `https://lookup-id.com` erlaubt es aus einem Facebook-Profil die numerische ID zu extrahieren:

Hierbei müssen wir die HTTP-URL des Profils einfügen (*nicht HTTPS*) und auf Lookup klicken.

Alternativ dazu können wir uns den Quellcode des Facebook-Profils ansehen und nach `userID` suchen – dann sollten wir folgendes im Quellcode finden:

```
..."userVanity":"ixxxxx.jxxxx.1","userID":"100012240313712",...
```

Instagram OSINT

Instagram bietet uns als OSINT-Analysten vorrangig Bilder, die wir mit zuvor bereits genannten Techniken analysieren können.

Hier soll es aber um die weiteren Informationen gehen, die wir noch aus Instagram ziehen können. Leider ist die Suchfunktion von Instagram recht beschränkt. Wir können hier nur einfache Suchanfragen ausführen und nach Usernamen oder Hashtags suchen aber keine Geokoordinaten oder bestimmte Zeiträume suchen.

In der Profilansicht offenbart ein Klick auf abonniert wem das Profil folgt:

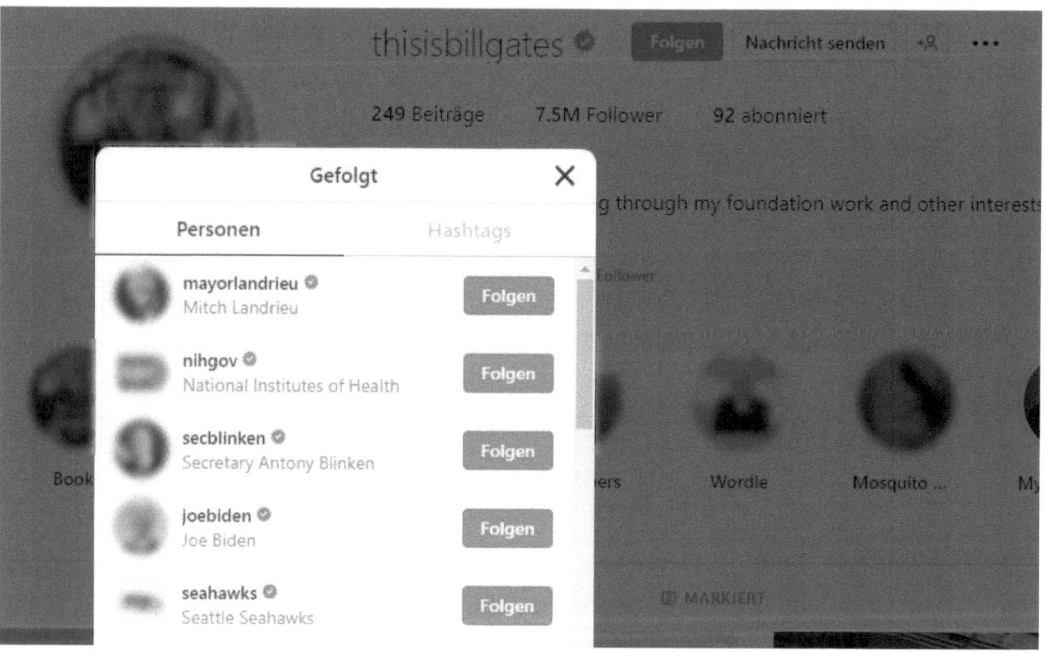

Natürlich können wir auch sehen wer dem Profil folgt, wenn wir auf Follower klicken.

Bei der Betrachtung des Profils können wir zwischen Beiträgen, Reels (*kurze Videos*) und Markiert umschalten. Letzteres liefert alle Posts anderer Profile in denen das betrachtete Profil markiert (*getaggt*) wurde:

So können die Beziehungen zwischen Personen bzw. Profilen untersucht werden.

Dies klappt allerdings nur so lange das Instagram-Profil für das wir uns interessieren öffentlich ist. Wenn wir auf ein privates Profil treffen, können wir auf die Profile des sozialen Umfeldes der Zielperson ausweichen.

Dies ist auch möglich, wenn die Zielperson gar kein Instagram-Profil hat. Heutzutage kann sich kaum jemand den sozialen Medien entziehen – selbst wenn die Person keine Profile hat, gibt es sicherlich Personen im Umfeld die auf den sozialen Medien aktiv sind und so taucht quasi jeder zwangsläufig irgendwann in den sozialen Medien auf.

Wenn Sie die Bilder eines Profils einfacher herunterladen wollen, können sie die Seite https://imginn.com nutzen.

Außerdem gibt es einige interessante Scripts die diese Aufgaben automatisieren:

https://github.com/sc1341/InstagramOSINT
https://github.com/instaloader/instaloader

Außerdem ist Instagram recht gut von Suchmaschinen indiziert – wir sollten also nicht auf Google und andere Suchmaschinen vergessen! Damit kann man in einigen Fällen die Nachteile der etwas eingeschränkten Suchmöglichkeiten auf Instagram selbst gut ausgleichen.

Snapchat OSINT

Die Möglichkeiten bei Snapchat beschränken sich auf die Suche nach einem Usernamen und die Kartenansicht unter `https://map.snapchat.com`:

Hierbei kann man Snaps (*Kurzvideos und Fotos*) von bestimmten geografischen Punkten aufrufen.

Dies erfolgt leider dadurch, dass man einen bestimmten Punkt auf der Karte anklicken muss. Daher ist eine gezielte Suche nach Videos zeitraubend da man nicht aus einer Liste auswählen kann was gesucht wird.

Es gibt auch keine Vorschau der Bilder und Videos und daher hat man keine Ahnung was und ob man überhaupt etwas angezeigt bekommt... Das Einfachste ist es in der Karte weiter herauszuzoomen und dann die Videos und Bilder mit den Pfeilen durchzublättern:

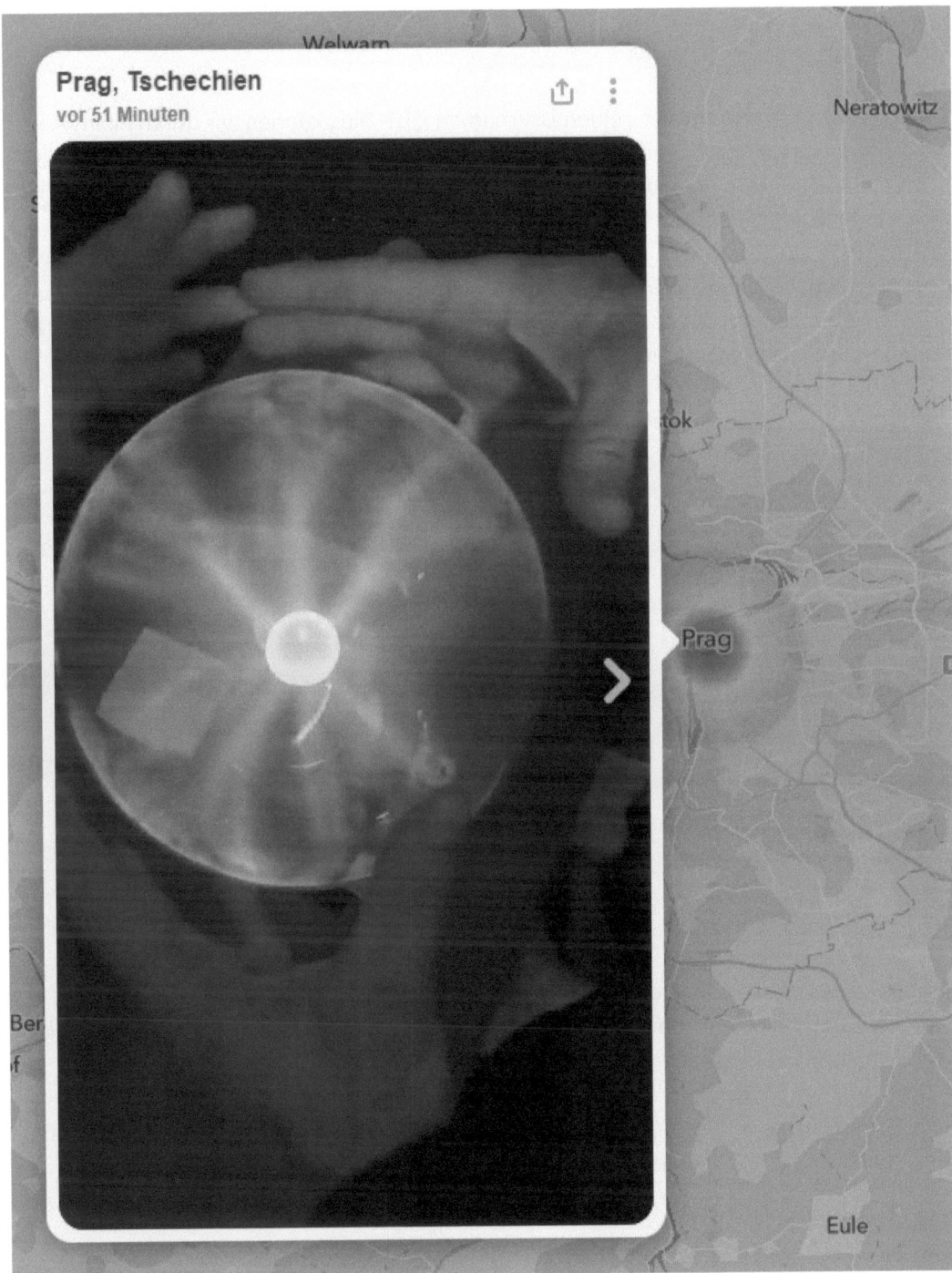

Reddit OSINT

Zuerst wollen wir prüfen ob es einen Usernamen gibt. Dies können wir durch einen Aufruf der URL `https://reddit.com/user/[USERNAME]/` tun. Zur Erinnerung mit der URL `https://www.reddit.com/domain/[DOMAIN]/` können wir Posts finden, in denen eine bestimmte Domain erwähnt wird.

Reddit erlaubt es uns wie Google "..." in der Suche zu verwenden um eine bestimmte Schreibweise zu erzwingen. Außerdem kann man die Suchergebnisse auf Beiträge, Kommentare oder Communities (*Gruppen denen man beitreten kann*) eingrenzen:

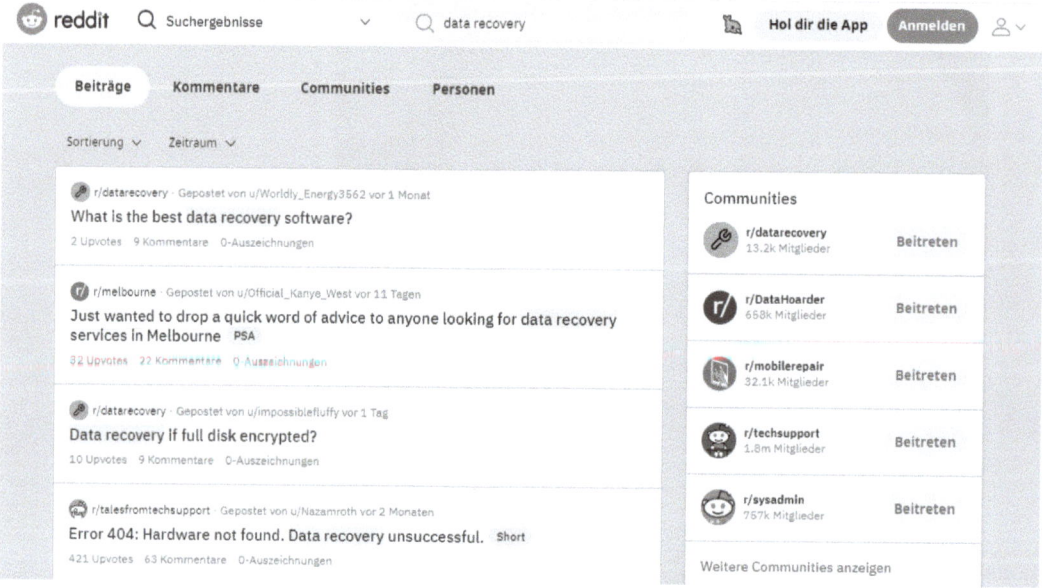

Oft ist es auch sehr interessant zu sehen zu welchen Themen ein User Posts und Kommentare abgibt und ob es regeren Austausch mit bestimmten anderen Usern gibt. Leider müssen wir dies auch wieder manuell erledigen.

Eine Google-Suche mit den entsprechenden Dorks leistet uns bei der Analyse von Reddit meist auch sehr gute Dienste.

Youtube OSINT

Youtube ist die größte Video-Plattform und neben den Einblicken in das eigene Privatleben, die viele Vlogger Ihren Zuschauern gewähren finden sich alle anderen möglichen nützlichen Informationen in Metadaten, Geotags, etc.

Die Seite `https://mattw.io/youtube-geofind/location` erlaubt es uns Videos und Kanäle anhand von Geotags zu finden. Hierzu spezifizieren wir einfach eine Adresse, einen Umkreis und schon finden wir entsprechende Videos und Kanäle:

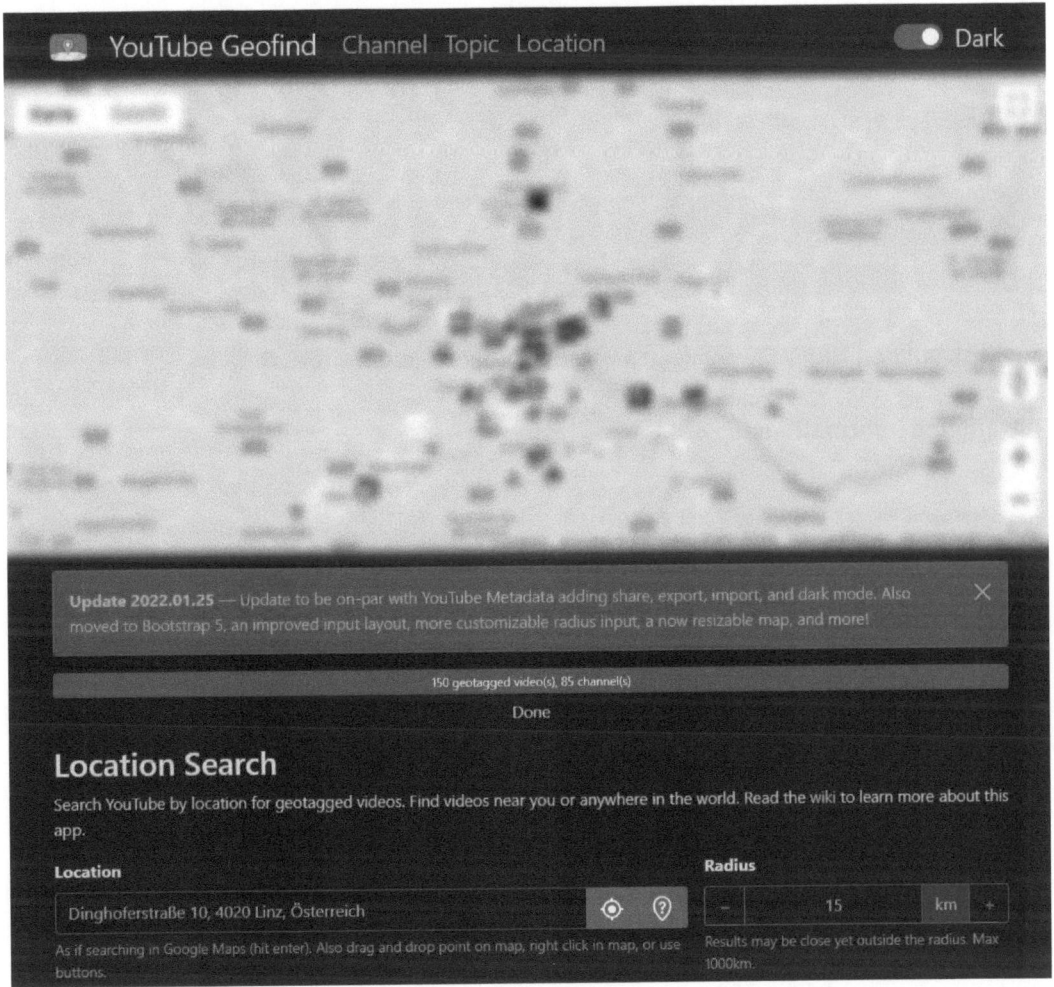

Weiter unten auf der Seite können wir eine Liste aller Videos sehen und exportieren:

Ein Klick auf den Link View metadata offenbart dann viele weitere Details:

Allgemeine Informationen:

```
{
    "publishedAt": "2023-01-03T23:00:15Z",
    "channelId": "xxxxxxxxxxxxxx",
    "title": "xxxxxxx",
    "description": " xxxxxxxxxxxxxxxxxxxxxxxxxxxxxxxxx ",
    "thumbnails": {
        "default": {
            "url": "https://i.ytimg.com/vi/xxxxxxxxxx/default.jpg",
            "width": 120,
            "height": 90
        },
        "medium": {
            "url": "https://i.ytimg.com/vi/xxxxxxxxxx/mqdefault.jpg",
            "width": 320,
```

```
                "height": 180
            },
            "high": {
                "url": "https://i.ytimg.com/vi/xxxxxxxxxx/hqdefault.jpg",
                "width": 480,
                "height": 360
            },
            "standard": {
                "url": "https://i.ytimg.com/vi/xxxxxxxxxx/sddefault.jpg",
                "width": 640,
                "height": 480
            }
        },
        "channelTitle": "xxxxxxxxxxxxxxx",
        "tags": [
            "Positive Schulden",
            "Negative Schulden",
            "Schulden",
            "Ratenzahlung",
            "Kredit"
        ],
        "categoryId": "27",
        "liveBroadcastContent": "none",
        "localized": {
            "title": "xxxxxxxxxxxx",
            "description": "xxxxxxxxxxxxxxxxxxxxxxxxxxxxxxxx"
        },
        "defaultAudioLanguage": "de-AT"
}
```

Hier sehen wir neben dem Titel und der Beschreibung die Sprache des Videos, Tags, das Veröffentlichungsdatum und vor allem die URLs der Vorschaubilder. Da das Vorschaubild ein Gesicht zeigt, können wie dieses gleich wieder mit Tools wie PimEyes, etc. abgleichen und so weitere Accounts der Person finden.

Statistik, Geolocation und Status:

```
{
    "viewCount": "12",
    "likeCount": "2",
    "favoriteCount": "0",
    "commentCount": "0"
}


{
    "locationDescription": "Linz, Donau",
    "location": {
        "latitude": 4x.yyyyy72,
        "longitude": 1x.yyyyy36,
        "altitude": 0
    },
    "recordingDate": "2023-01-01T00:00:00Z"
}


{
    "uploadStatus": "processed",
    "privacyStatus": "public",
    "license": "youtube",
    "embeddable": true,
    "publicStatsViewable": true,
    "madeForKids": false
}
```

Hier sehen wir von den Zugriffen über die Likes bis hin zu den Geokoordinaten und dem Aufnahmedatum einige weitere Informationen.

Außerdem erhalten wir viele weitere Informationen über den Youtube-Kanal selbst:

```
{
    "title": "xxxxxxxxxxxxxxxxxxxxx",
    "description": "xxxxxxxxxxxxxxxxxxxxxxxxxxxxxxxxxxxxxxxxxxxxxxxxx",
    "customUrl": "@xxxxxxxxxxxxxxxxxxxxx",
    "publishedAt": "2021-08-13T06:51:14.328118Z",
```

```
    "thumbnails": {
        "default": {
            "url":
"https://yt3.ggpht.com/xxxxxxxxxx_yyyyyyyyyyyyyyyyyyyyyy=s88-c-k-
c0x00ffffff-no-rj",
            "width": 88,
            "height": 88
        },
        ...
    },
    "localized": {
        "title": "xxxxxxxxxxxxxxxxxxxxx",
        "description": "xxxxxxxxxxxxxxxxxxxxxxxxxxxxxxxxxxxxxxxxxxxxxxxxx"
    }
}


{
    "viewCount": "1648",
    "subscriberCount": "36",
    "hiddenSubscriberCount": false,
    "videoCount": "1"
}


{
    "topicIds": [
        "/m/019_rr",
        "/m/01k8wb",
        "/m/07c1v"
    ],
    "topicCategories": [
        "https://en.wikipedia.org/wiki/Lifestyle_(sociology)",
        "https://en.wikipedia.org/wiki/Knowledge",
        "https://en.wikipedia.org/wiki/Technology"
    ]
}
```

Da diese Informationen alle im JSON-Format vorliegen, können Sie auch sehr gut von einem Script verarbeitet werden. Damit sind automatische Analysen von vielen hundert Videos und Kanälen mit einem recht einfachen Python-Script machbar!

Die Seite `http://www.watchframebyframe.com` erlaubt es uns Videos abzuspielen, anzuhalten und dann Bild für Bild zu betrachten. So können wir diverse Informationslecks finden:

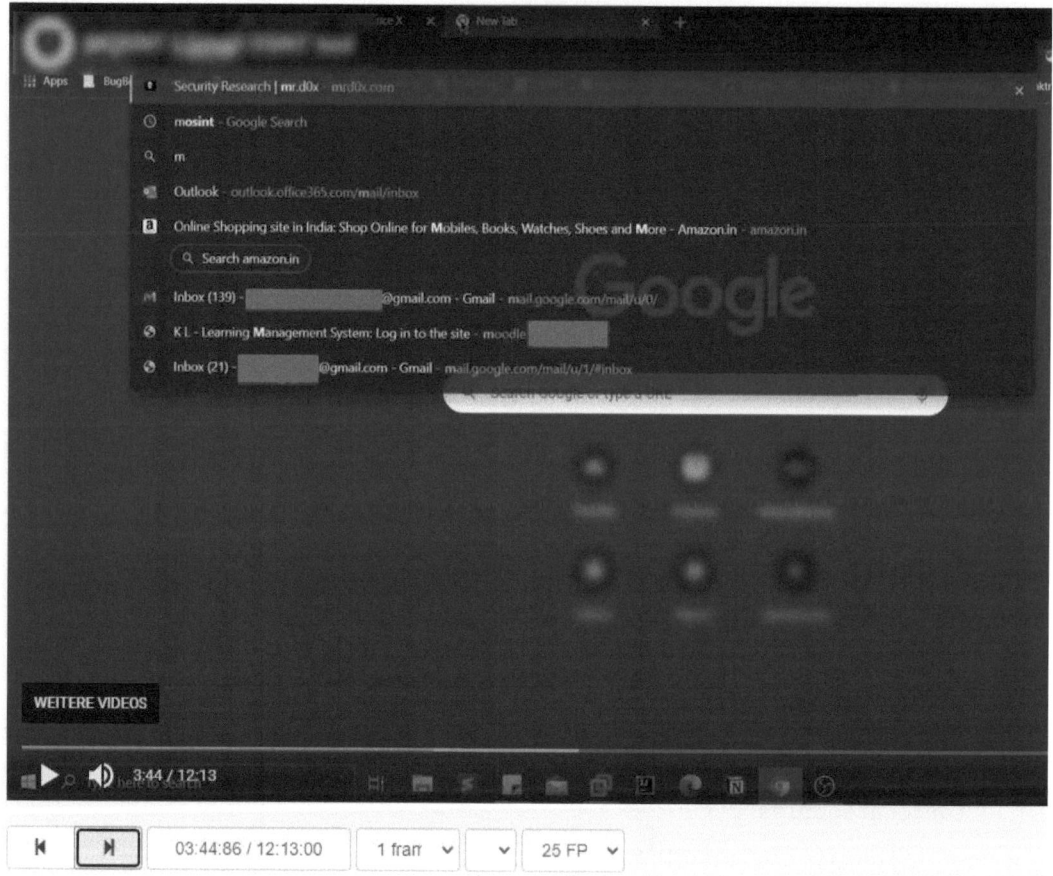

Hier hat ein Youtuber aufgezeichnet wie er eine URL eintippt und obwohl er schnell tippte, war der Browser mit den Vorschlägen schneller und für einen Sekundenbruchteil waren die oben gezeigten Informationen sichtbar:

1) Diverse besuchte URLs
2) Die Tatsache, dass er Outlook / Office 365 nutzt
3) Zwei Emailadressen
4) Die Universität in der er möglicherweise studiert / studierte

Derartige kleine Unachtsamkeiten können schnell zu Datenlecks führen, werden aber regelmäßig beim Videoschnitt übersehen da diese Dinge oftmals nur wenige Frames sichtbar sind! Ich habe bei der Bild für Bild Durchsicht bestimmter Videopassagen schon allerlei interessantes und auch Skurriles entdeckt – von einer Spiegelung des "Kameramanns" der in Socken und Boxershorts "arbeitet" bis hin zum Paket mit einem Adressaufkleber war einiges dabei...

Ein weiterer nützlicher Helfer ist das InVID Verification Plugin:

https://www.invid-project.eu/tools-and-services/invid-verification-plugin/

Dieses Browser-Plugin erlaubt es uns auf Videos, Vorschaubilder und Metadaten direkt zuzugreifen und diese dann beispielsweise einer Bildsuche zu übergeben. Damit fällt dieses Tool eher unter die Kategorie "Helfer" und ich überlasse es an dieser Stelle dem Leser sich das Plugin genauer anzusehen.

Filter und Sortierung

Oftmals brauchen wir Zugriff auf die aktuellsten Posts oder wir wollen Videos nach bestimmten anderen Kriterien filtern oder Sortieren. Dazu bietet uns Youtube einige eingebaute Filter:

| Fluke VT02 | | | | |

Filter — Weitere Informationen zu diesen Ergebnissen

HOCHLADEDATUM	TYP	DAUER	EIGENSCHAFTEN	SORTIEREN NACH
Letzte Stunde	Video ✕	Kürzer als 4 Minuten	Live	Relevanz
Heute	Kanal	4–20 Minuten	4K	Uploaddatum
Diese Woche	Playlist	Länger als 20 Minuten	HD	Anzahl der Aufrufe
Dieser Monat	Film		Untertitel/CC	Bewertung
Dieses Jahr			Creative Commons	
			360°	

Diese Suche entspricht der URL:

```
http://www.youtube.com/results?search_query=Fluke+VT02&sp=CAI%253D
```

Wenn wir nun allerdings nicht die neuesten, sondern die ältesten Videos zu der Suchanfrage benötigen, können wir folgenden kleinen Trick anwenden. Durch das Anhängen von _reverse erhalten wir eine umgekehrte Sortierreihenfolge. Damit wird aus der zuvor gezeigten URL:

```
http://www.youtube.com/results?search_query=Fluke+VT02&sp=CAI%253D_reverse
```

Dies macht es deutlich einfacher die ältesten Beiträge zu finden da YouTube seit einiger Zeit keine Seitenzahlen am Ende der Seite anzeigt, sondern auf endloses Scrollen umgestellt hat.

Leider klappt _reverse nur beim Uploaddatum und nicht bei anderen Sortiermethoden. Ich überlasse es Ihnen an dieser Stelle als kleine Übung herauszufinden ob und wie man dies auch bei anderen Sortieroptionen erreichen kann...

Weiters bietet Youtube ebenfalls diverse Dorks an:

```
Fluke VT02 before:2015-01-01 ...  Liefert Videos zu Fluke VT02 vor dem 01.01.2015
Fluke VT02 after:2015-12-31 ....  Liefert Videos zu Fluke VT02 nach dem 31.12.2015
```

Natürlich kann man before und after auch kombinieren um Videos aus einem ganz bestimmten Zeitraum zu finden. Dies ist unter anderem auch in der Google-Suche und in Google News möglich!

LinkedIn OSINT

LinkedIn ist ein soziales Netzwerk für Geschäftsleute und Jobsuchende um sich auszutauschen, neue Geschäftskontakte zu knüpfen oder Mitarbeiter bzw. neue Arbeitsplätze zu finden.

Daher ist es auf dieser Plattform recht einfach Mitarbeiter bestimmten Firmen zuzuordnen oder bestimmte Informationen über Geschäftsbeziehungen und bestimmte Details wie Telefonnummern, Emailadressen und einiges mehr abzugreifen.

Wie üblich könnten wir wiederum eine Rückwärts-Bildsuche mit den Profilbildern durchführen aber das haben wir bereits mehrfach gesehen.

Interessant sind natürlich neben den Beziehungen bzw. Geschäftskontakten auch andere Dinge, die auf LinkedIn-Profilen zu finden sind wie:

- Vorherige Arbeitgeber und Jobs
- Berufliche Erfahrungen
- Zertifizierungen, Fortbildungen, Schul- und Universitätsabschlüsse
- Artikel, Bücher und andere Veröffentlichungen
- Kenntnisse
- Usw.

Im Grunde finden Sie hier ausführliche Lebensläufe von sehr vielen Personen. Damit können Sie sich ein recht gutes Bild über denjenigen machen...

Abgesehen davon, lassen sich auf LinkedIn wie auch auf Facebook alle möglichen Bilder, Texte, Links, etc. auf dem eigenen Profil teilen. Diese Informationen enthüllen unter Umständen eine ganze Menge an zusätzlichen Informationen über eine Person.

Neben Profilen von Personen finden sich auch Seiten von Unternehmen auf LinkedIn. Hierüber lassen sich im gleichen Ausmaß Informationen zu Organisationen und Unternehmen sammeln.

TikTok OSINT

Aktuell ist TikTok ziemlich verschlossen, wenn es um OSINT geht. Wir können weder die Liste der Follower ansehen noch wem ein bestimmtes Profil folgt.

Damit bleibt uns die Rückwärtssuche von Bildern und Bildausschnitten wobei wir im Quellcode auch die Links zu den Vorschaubildern finden.

Außerdem könnten die Video- und Kanalbeschreibungen noch ein paar Informationen bieten.

Wenigstens sieht man anhand der Kommentare zu den Videos wer sich für den Content interessiert und so kann man auf einen Teil der Follower schließen.

Das Suchfeld ist nur dazu da um Usernamen zu suchen aber keine Tags. Wenn wir die URL `https://www.tiktok.com/tag/`**`[HASHTAG]`**`?lang=de-DE` nutzen und hierbei [HASHTAG] durch den gewünschten Tag ersetzen, finden wir auch die Videos mit bestimmten Tags.

zB: `https://www.tiktok.com/tag/`**`OSINT`**`?lang=de-DE`

Metadaten-Analyse von sozialen Medien

Allgemein verraten die Metadaten die wir in den sozialen Medien oder auch auf diversen Webseiten finden einiges über den Accountinhaber.

Fragen wie zB:

- Wann wird gepostet?
- Wann wird nicht gepostet?

... lassen auf die Zeitzone und/oder Arbeitszeiten des Accountinhabers schließen.

Die Frage "Wie wird gepostet?" können wir oftmals auch beantworten und je nachdem ob die Antwort iOS App, Android App, Browser oder sonst etwas lautet können wir weitere Rückschlüsse ziehen.

Unterbrechungen im Posting-Verhalten können dann auf Urlaube, Seminare, Dienstreisen, etc. hindeuten. Man kann sogar einen Schritt weiter gehen und vermuten, wenn zwei Kollegen aus der gleichen Firma beispielsweise immer zu den gleichen Tagen nicht posten, dass diese Schulungen, Dienstreisen oder Urlaube gemeinsam unternehmen. Natürlich gilt dies auch für zwei Profile die regelmäßig von den gleichen Orten Beiträge veröffentlichen! So lassen sich zumindest begründete Vermutungen über mögliche persönliche Beziehungen zwischen zwei Profilinhabern anstellen.

Mit einer statistischen Auswertung diverser Metadaten kann man also auf Team-Zugehörigkeit oder auch persönliche Beziehungen schließen. Natürlich sind dies keine Beweise aber zumindest Indikatoren, denen man nachgehen und die man mit anderen Daten bestätigen oder widerlegen kann!

Man kann auf diese Weise auch gut nach persönlichen Bekanntschaften oder näheren Beziehungen in den Kommentaren suchen. Einseitige User-Kommentare sprechen eher dagegen aber ein reger Austausch bei vielen Gelegenheiten spräche eher dafür.

Hier greifen OSINT und Datenanalyse ineinander. Ein einfaches Beispiel dafür sehen wir am Ende des Buches.

WISSENSCHAFTLICHE ARTIKEL UND ARBEITEN

Ein Dienst, den Google nicht so aktiv anbietet wie die News- oder Bildsuche ist Google Scholar. Damit kann man in Wissenschaftlichen Artikeln, Bachelor-, Master- und Doktorarbeiten und anderen Veröffentlichungen suchen und meist auf die ganzen Dokumente zugreifen.

Das Problem mit Informationen im Internet ist eines der Dinge, die das Internet erst ausmachen. Jeder der möchte kann Content veröffentlichen! Das ist in vielen Fällen auch gut, außer wir suchen nach harten und belastbaren Fakten. Dann stellt sich die Frage zur fachlichen Qualifikation des Autors. Auch wenn wir im Impressum oder an anderer Stelle den Namen des Verfassers finden, haben wir oftmals keine Hinweise über dessen Ausbildung und beruflichen Hintergrund, etc.

Bei wissenschaftlichen Arbeiten und Veröffentlichungen können wir mit sehr hoher Wahrscheinlichkeit davon ausgehen, dass die Informationen fachlich richtig und vollständig sind. Das macht `https://scholar.google.com/` zu einer deutlich besseren Quelle für viele Anwendungen.

Neben zeitlichen Einschränkungen des Veröffentlichungsdatums können wir Patente und/oder Zitate einschließen, nach einer bestimmten Sprache filtern und die Ergebnisse nach Datum oder Relevanz sortieren.

Nichts, was wir nicht mit der herkömmlichen Google-Suche auch tun könnten! Abgesehen von den Inhalten, kennen wir die Möglichkeiten schon alle. Natürlich funktionieren manche Dorks wie `intitle` oder `intext` hier auch...

DARKNET OSINT

Bevor wir loslegen, will ich eine Sache klarstellen – es gibt nicht das eine Darknet, sondern mehrere Darknets. TOR ist das bekannteste aber es gibt noch I2P und andere!

Wir werden uns hier aus Platzgründen in diesem Kapitel nur mit TOR beschäftigen und ich überlasse es Ihnen sich I2P und andere Projekte anzusehen...

Um auf das TOR-Netzwerk zugreifen zu können, brauchen wir den TOR-Browser, welchen wir unter `https://www.torproject.org/download/` herunterladen können.

Dies ist nur ein angepasster Firefox, der es erlaubt die Zugriffe auf normale Internet-Seiten durch das TOR-Netzwerk zu leiten und der dafür benötigt wird um auf `.onion`-Seiten zuzugreifen. Letztere sind Seiten, die nur im TOR-Netzwerk verfügbar sind.

Beim Start des TOR-Browsers sehen wir folgendes:

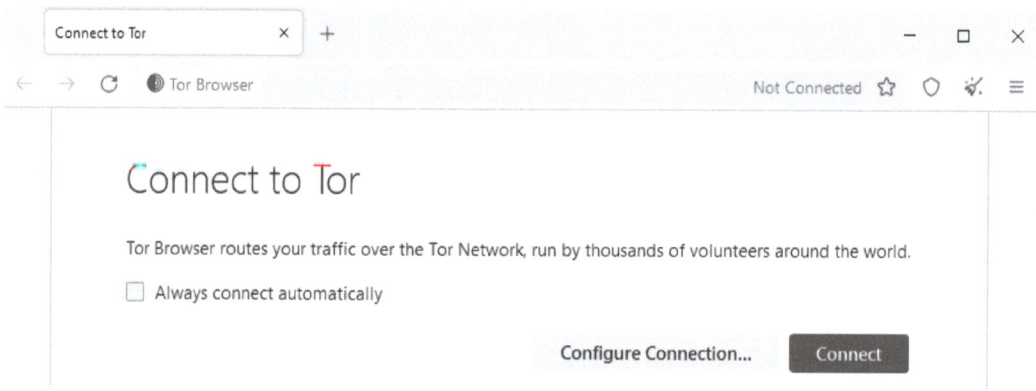

Nachdem wir uns mit einem Klick auf `Connect` mit dem TOR-Netzwerk verbunden haben, können wir mit der Seite `https://myip.is` prüfen, ob die Kommunikation nun über das TOR-Netzwerk läuft.

Im Grunde ist das TOR-Netzwerk wie das Internet zu behandeln und OSINT unterscheidet sich in einem der Darknets nicht groß vom normalen Internet. Daher werde ich dieses Kapitel nur auf eine kurze Orientierungshilfe im TOR-Netzwerk beschränken.

Um sich im Internet zurechtzufinden sind Suchmaschinen wie Google oder Bing sehr wichtig. Natürlich gilt das auch für das TOR-Netzwerk. Ein paar der Suchmaschinen um sich hier zurechtzufinden wären:

- `https://ahmia.fi`
- `https://onionsearch.io`

Ihnen wird eventuell auffallen, dass dies keine `.onion`-Adressen sind. Diese zwei Suchmaschinen sind auch über das Klarnet (*Internet*) erreichbar und damit ein sehr guter Einstiegspunkt, da die `.onion`-Adressen nicht gerade sehr einprägsam sind, wie wir an Torch (*1. URL*) und Haystak (*2. URL*) sehen:

- `http://5ojrasx6bnpujkquykh6dphioga23dgkhbfpbke7yipka5uymahpcyid.onion`
- `http://haystak5njsmn2hqkewecpaxetahtwhsbsa64jom2k22z5afxhnpxfid.onion`

Haystack erlaubt die Verwendung von "..." um Suchanfragen auf eine konkrete Schreibweise zu limitieren und auch das - kann benutzt werden, um bestimmte Begriffe auszuschließen. Das hebt diese Suchmaschine von den anderen deutlich ab!

Neben den Suchmaschinen gibt es einige Verzeichnisse. Das älteste und größte wäre **TheHiddenWiki**:

`http://zqktlwiuavvvqqt4ybvgvi7tyo4hjl5xgfuvpdf6otjiycgwqbym2qad.onion`

Hierüber lassen sich einige der größten Marktplätze und diverse einschlägige Darknet-Seiten finden.

Waffen, Hacking-Dienste, Kreditkartendaten, gestohlene Zugangsdaten, Drogen und vieles andere wird in den Darknets wie selbstverständlich gehandelt. Derartige Handelsplattformen und Foren erregen jedoch schnell die Aufmerksamkeit der Behörden und daher verschwinden und entstehen Marktplätze recht schnell.

Um den Überblick zu behalten und verschiedenste Marktplätze zugleich zu durchsuchen eignet sich Kilos:

`http://mlyusr6htlxsyc7t2f4z53wdxh3win7q3qpxcrbam6jf3dmua7tnzuyd.onion`

glock

Minimum price   Maximum price   Display currency ▼

Relevance ▼   Market ▼

Shipping origin ▼   Shipping destination ▼   Product class - any ▼

☐ Accepts BTC   ☐ Accepts BCH   ☐ Accepts LTC   ☐ Accepts XMR

Search the darknet markets

1 2 3 4 5 6 7 8 9 10

Search results

Brand new full auto assault rifles, pistols, grenade launchers

For sale by brucelean on Cartel

brucelean has 0 known reviews and an average score of 0.0%.

Origin: Worldwide
Destination: Worldwide
Price: 1050.0 USD
Product type: Physical

Accepts BTC? ✓
Accepts BCH? ✗
Accepts LTC? ✗
Accepts XMR? ✓

Description:

contact Email:
armsdealshop@protonmail.com Below
is short list of what we have in
stock HANDGUNS DESERT EAGLE 50AE
ED BROWN CUSTOM II GLOCK 19
VICKER GLOCK 17C GLOCK 23 GLOCK
43 KIMBER 1911 CUSTOM LES BEAR
CONCEPT III NIGHT HAWK SILENT SIG
SAUER LEGION SMITH AND WESSON M P

Hiermit können wir uns einen schnellen Überblick über das Angebot im Darknet verschaffen. Natürlich sind nicht alle Marktplätze enthalten aber wer bestimmte geleakte Daten sucht, kommt so oftmals schneller zum Ziel als alle Marktplätze und Foren manuell abzuklappern...

Vor allem für Passwort OSINT (*siehe folgendes Kapitel*) ist das Darknet oft eine Goldgrube!

Neben Passwörtern finden sich auch alle möglichen Informationen zum Thema Hacking und natürlich ein riesiger Schwarzmarkt auf dem alle möglichen gestohlenen Daten gehandelt werden...

PASSWORT OSINT

Eine durchaus erstaunliche Menge an Passwörtern wurde bei den Datenlecks der großen Firmen in den letzten Jahren erbeutet. Obwohl die Passwörter als Hash abgelegt waren, konnten sehr viele davon geknackt werden.

Die Daten dieser "Breaches" finden sich oftmals noch im Deepweb oder einem der Darknets.

Damit ist es dann möglich die Email-Adresse und das dazugehörige Passwort zu finden. Dazu kommt, dass einige User dazu tendieren überall das gleiche Passwort zu verwenden.

In den letzten Jahren grassieren immer wieder Wellen von Emails in denen ein angeblicher Hacker behauptet den PC übernommen und ein Opfer bei der Masturbation gefilmt zu haben (*Scaremails*). Die zuvor erwähnten geleakten Daten sind eine der möglichen Quellen wie die Betrüger hinter diesen Emails an eines Ihrer Passwörter und die passende Email-Adresse kommen.

Mit der bereits genannten Seite `https://haveibeenpwned.com/` kann geprüft werden ob es zu einer Email-Adresse geleakte Daten gibt. Außerdem bieten Seiten wie `https://www.dehashed.com/` gegen Bezahlung Zugriff auf diverse Daten aus Leaks. Die reine Recherche ob Daten im Index dieses Dienstes sind ist nach einer Registrierung kostenlos möglich, aber die Ansicht der Daten ist kostenpflichtig.

Weitere Dienste wären:

- `https://leakcheck.io`
- `https://snusbase.com`

Wer sich den Komfort derartiger Breach-Suchmaschinen nicht leisten will oder auch Zugriff auf kleinere Leaks haben möchte kann viele geleakte Dumps mit etwas Recherche finden.

Hierbei hilft `https://www.dcode.fr/hash-identifier` dabei die verwendeten Hash-Algorithmen zu identifizieren.

Danach lassen sich die Klartext-Passwörter für Hash-Werte bei denen weder Salt- noch Pepper-Werte genutzt wurden mit diversen Seiten auflösen.

Eine davon ist https://md5.gromweb.com:

MD5 reverse for 5c90b96a75d4f9d5a1cfaa6f532afdc8

The MD5 hash:

5c90b96a75d4f9d5a1cfaa6f532afdc8

was succesfully reversed into the string:

Secret123

Feel free to provide some other MD5 hashes you would like to try to reverse.

Reverse a MD5 hash

5c90b96a75d4f9d5a1cfaa6f532afdc8	Reverse

USERNAMEN OSINT

Viele verwenden im Internet den gleichen Usernamen auf verschiedensten Plattformen und Diensten. Es gibt natürlich keine Garantie, dass ein zusätzlich gefundener Account für MadMax1980 auch wieder der gleichen Person gehört zu der wir eine Recherche anstellen. Da sich jeder Nicknamen frei wählen und ausdenken kann, gilt es hier die Accounts durch andere Informationen in Bezug zu bringen.

Die Chance das sich zwei Leute irgendwo auf der Welt zufällig MadMax1980 als Namen auswählen ist recht hoch – die 1980 wird hierbei höchstwahrscheinlich das Geburtsjahr darstellen aber auch das grenzt es nicht ein.

Wenn wir allerdings durch die Postings erfahren, dass beide in Berlin wohnen, einen 3er BMW fahren und einen sehr ähnlichen Schreibstiel und die gleichen Interessen haben, ist die Chance recht hoch, dass dies nicht zwei unterschiedliche Personen, sondern zwei Accounts der gleichen Person sind!

An dieser Stelle sind die vielen kleinen nebenbei fallengelassenen scheinbar harmlosen Informationen wie "*bei uns in Berlin sagt man ... dazu*" oder "*ich hatte das gleiche Problem bei meinem 3er vor ein paar Monaten*" sehr interessant! Es ist oft erstaunlich welche Fülle an Informationen man zu einer Person erhält, wenn man nur alle Posts einer Plattform durchließt und gezielt diese kleinen Informationsfetzen sammelt.

Daher ist es auch nicht verwunderlich, dass es Datenbanken gibt die Usernamen von Games oder diversen Webseiten enthalten. Unter Umständen sind auch ältere Usernamen ganz interessant denn die Erwähnungen von @[USERNAME] oder dergleichen werden in den gängigen sozialen Medien nicht angepasst, selbst wenn der Username geändert wird!

Darum kann ein zuvor verwendeter Username durchaus nützlich sein um länger zurückliegende Informationen aufzudecken. Hierbei ist das Webarchiv oder eine Suche im Google-Cache sehr nützlich um an ältere Versionen eines Profils zu kommen und so eventuell die vorherigen Usernamen aufzudecken. Oftmals kommen hierbei auch bereits gelöschte Inhalte zum Vorschein...

Es wäre jedoch recht mühsam immer alle Usernamen von Hand auf allen gängigen Plattformen zu suchen.

Daher ist es wenig verwunderlich, dass es Dienste gibt die uns hierbei unterstützen:

- `https://namecheck.com`
- `https://whatsmyname.app`
- `https://namecheckup.com`

Die Seite namecheckup.com liefert uns eine schöne grafische Übersicht der freien und bereits registrierten Accounts:

Benutzernamen

Auf whatsmyname.app erhalten wir eine Liste der Accounts und auch gleich die Links zu den entsprechenden Profilen:

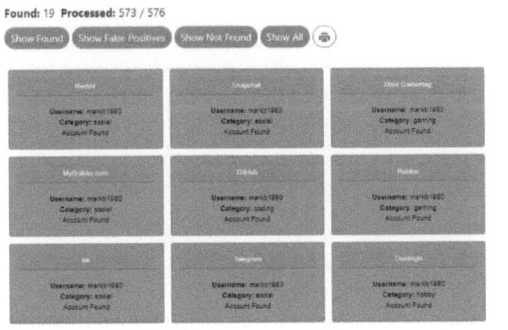

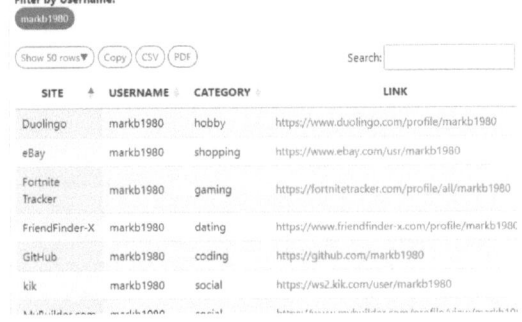

Interessieren wir uns nur für spezielle Dienste bzw. Webseiten, können wir auch manuell testen.

Bei KIK reicht es beispielsweise die URL `http://kik.me/[USERNAME]` aufzurufen.

Vergessen Sie nicht auf reguläre Suchmaschinen! Die zuvor gezeigten Dienste prüfen zwar einige bekannte Dienste aber keinesfalls alle kleinen Foren, Portale, etc.

Manche Dienste wie viele Foren nutzen allerdings URLs in der Form `https://www.forum.com/profile/?u=123456`!

Hier brauchen wir anstatt des Usernamens die Profil- bzw. User-ID. Daher müssen wir andere Funktionen nutzen. Wir könnten beispielsweise versuchen uns zu registrieren. Hierbei wird geprüft ob ein Username noch frei ist. Ein anderer Weg wäre ein Login-Versuch:

Hier weist uns die Meldung "Passwort incorrect" darauf hin, dass der Username existiert. Nutzen wir einen anderen Usernamen, der mit allerhöchster Wahrscheinlichkeit nicht existiert, erhalten wir:

Damit ist klar, dass wir in diesem Forum die Usernamen über das Login-Formular prüfen können.

ANALYSE VON TEXTEN

Eine genauere Analyse der Texte kann sehr viel verraten.

Bestimmte Begrifflichkeiten lassen auf eine geografische Lage oder die Herkunft einer Person schließen. Was ein Österreicher oder Bayer als *Semmel* bezeichnet, wird in vielen Teilen Deutschlands *Brötchen* genannt.

Die Formulierung *Ring me up* ist in England neben *Call me* durchaus gebräuchlich um jemanden aufzufordern anzurufen. In den USA ist diese Formulierung sehr unüblich und man verwendet hier in der Regel nur *Call me*.

Derartige sprachliche Unterschiede können eine Person als Engländer, Österreicher, Bayern oder Norddeutschen identifizieren oder zumindest als eine Person, die die Sprache in diesem Land oder dieser Region gelernt hat oder schon länger dort lebt. Es dauert immer eine gewisse Zeit bis sich die eigenen im Kindesalter erlernten Sprachmuster einer neuen Umgebung anpassen.

Sie sehen schon anhand der etwas schwammigen Formulierungen von mir, dass wir hier im Grunde nur unbewiesene Vermutungen aufstellen. Daher ist eine solche Vermutung nicht sehr aussagekräftig. Die Masse an kleinen Informationen und Übereinstimmungen macht eine Theorie aber immer glaubhafter.

Kommen wir zurück zu dem Beispiel von dem Berliner mit dem Nicknamen MadMax1980 der einen 3er BMW fährt. Nutzt er in manchen Texten das Wort Semmel anstatt Brötchen, legt das nahe, dass er aus Bayern oder Österreich stammt. Findet sich ein anderer Account für einen MadMax1980 in einem anderen Portal der im Profil Berlin als Wohnort angibt und in einem anderen Forum von *Erdäpfeln* statt *Kartoffeln* spricht, legt dies auch für dieses Profil österreichische oder bayrische Wurzeln nahe...

Achten sie also bei der manuellen Text-Analyse auf:

- Spezielle Begriffe die geografisch unterschiedlich sind
- Wortwahl – zB: Frau statt Ehefrau oder GF statt Freundin, etc.
- Wiedererkennbare Grammatik- oder Rechtschreibfehler
- usw.

Begrifflichkeiten wie GF (*Abkürzung für girlfriend*) statt Freundin legen auch oftmals ein Alter nahe. Jede Generation hat typische Begriffe die primär von Ihr genutzt werden.

Was Ihr Vater als *dufte* oder *knorke* bezeichnet würden sie *cool* oder *geil* nennen, Ihre Kinder hingegen würden es als *stabil* oder *mega* bezeichnen! Derartige Formulierungen und Begriffe verraten also indirekt das ungefähre Alter.

Neben manuellen Analysen der Texte gibt es auch die Möglichkeit Texte maschinell untersuchen zu lassen. Ohne nun auf maschinelles Lernen einzugehen womit man auch untersuchen könnte ob zwei Texte von der gleichen Person stammen, will ich an dieser Stelle ein kleines und recht einfaches Python-Script zeigen mit dem man die sprachliche Färbung von Text untersuchen kann:

```python
from vaderSentiment.vaderSentiment import SentimentIntensityAnalyzer

text = "The viewfinder of this DSLM is grabage! I can't recommend it at all
and I regret to change my beloved DSLR for it!"

analyzer = SentimentIntensityAnalyzer()
sentiment = analyzer.polarity_scores(text)
if sentiment['compound'] >= 0.05:
    print("positive")
elif sentiment['compound'] > -0.05 and sentiment['compound'] < 0.05:
    print("neutral")
else:
    print("negative")

print(sentiment)
```

Die Ausgabe ist wenig überraschend:

```
negative
{'neg': 0.191, 'neu': 0.695, 'pos': 0.115, 'compound': -0.2946}
```

Sie zeigt aber auch gut wie dieses einfache Programm arbeitet. Jedes Wort wird der Färbung neg (*negativ*), neu (*neutral*) oder pos (*positiv*) zugeordnet. Mit einer Formel wird dann errechnet wie die generelle Färbung des Textes (compound) ist.

So könnte man mit einfachen Mitteln alle Kommentare, Tweets oder sonstige Texte zu einem Thema aus den Sozialen Medien sammeln und diese alle so analysieren um einen schnellen Überblick darüber zu erhalten wie die öffentliche Meinung zu einem bestimmten Thema aussieht...

Oftmals bekommt man es mit Fachbegriffen oder Sprachen zu tun, die man nicht vollständig versteht. In solchen Fällen helfen Cluster-Suchmaschinen die auch alternative Begriffe oder artverwandte Themen liefern – Bei einer Suche nach Hackangriff wurde mir auch Cyberangriff, Hacker oder Internet als Begriff vorgeschlagen:

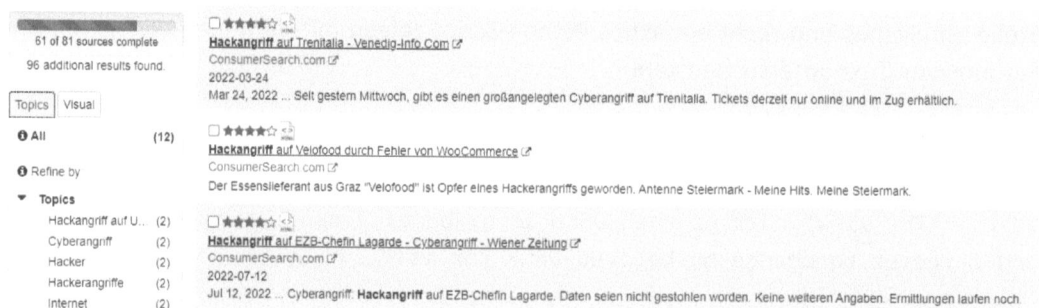

Das ist auch ein Grund warum SEO-Experten diese Tools zum Finden potentieller weiterer Keywords nutzen.

Cluster-Suchmaschinen wären zB:

- https://yippy.com
- https://biznar.com

WIFI OSINT

Sag mir wie dein WLAN-Netzwerk heißt und ich sage dir wo du wohnst...

Ja Sie haben richtig gelesen – Seiten wie `https://wigle.net` erlauben es den Standort einer WLAN SSID auf der Weltkarte anzuzeigen:

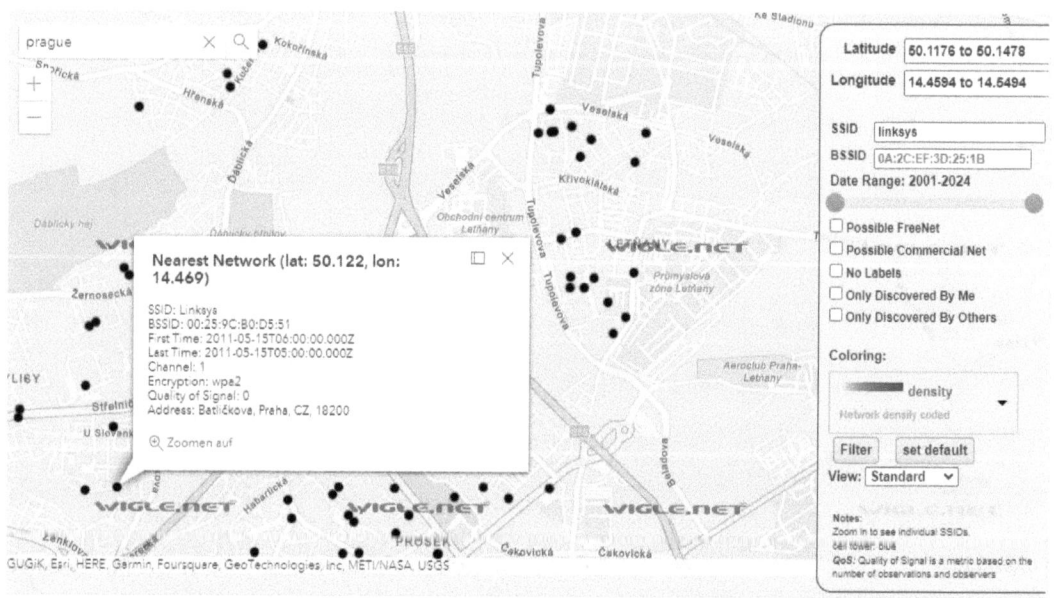

Hier sehen wir dies am Beispiel der SSID linksys in einem Stadtteil von Prag. Dieser Name ist auf vielen Routern voreingestellt und daher werden wir weltweit viele WLAN-Netzwerke finden die so heißen.

Wäre der Name des Netzwerks (*die s.g.* SSID) eindeutig und auch von jemanden erfasst und an WiGLE gemeldet worden, könnte man den Standort des Netzwerkes so finden.

Können wir einen Zielort auf eine Stadt oder ein Stadtgebiet eingrenzen, haben wir auch über einen nicht einmaligen Namen des WLANs die Chance diverse konkrete Standorte zu finden. Das ist vor allem erschreckend, wenn man bedenkt wie viele IoT Geräte über ein Portforwarding ins Internet gestellt wurden.

Hier kann man oftmals ohne Passwort oder mit dem Standard-Passwort auf diese Geräte zugreifen und in den Einstellungen auch den Namen des WLAN ersehen mit dem Sie verbunden sind.

FLUGZEUG OSINT

Den meisten Lesern sollte bekannt sein, dass es kein Problem darstellt Zug- und Busverbindungen im Internet zu finden. Routenplanung mit Google Maps oder diversen anderen Seiten ist auch nichts aufregendes Neues.

Was viele Lese wahrscheinlich noch nicht wussten, ist die Tatsache, dass auch der Flugverkehr und in vielen Fällen sogar der Funkverkehr zwischen Piloten und Tower in Echtzeit im Internet mitverfolgt werden kann! Dies geht zB mit den Seiten:

- https://flightradar24.com
- https://radarbox.com

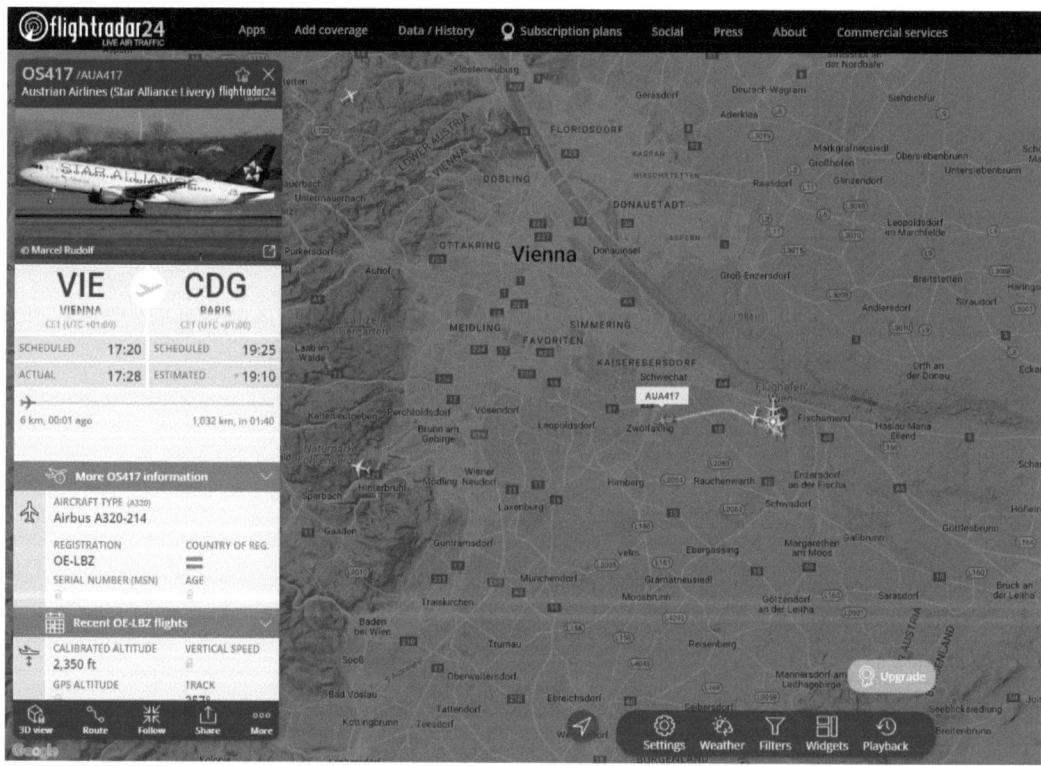

Hier sehen wir in der Regel nicht nur die aktuelle Position, sondern auch die Flugroute, Airline, Start- und Ankunftszeit, Flughöhe, Registrierung und einiges mehr...

Auf der Seite radarbox.com kann man Gespräche zwischen Flugzeugen und einigen Towern in Echtzeit verfolgen. Eine etwas größere Auswahl finden wir auf der Seite https://www.liveatc.net!

Zusätzlich zu diesen Möglichkeiten, gibt es verschiedenste öffentliche Datenbanken wie zB https://aviationdb.com über die wir alle möglichen Informationen zu Flugzeugen abfragen können.

Hierbei gilt es für das jeweilige Land zu recherchieren ob und welche Informationen zu einzelnen Flugzeugen öffentlich zugänglich sind.

THREAT OSINT

Ein weiterer Bereich in dem OSINT sehr wichtig ist, wäre Risk- und Threat-Intelligence. Hierbei geht es darum mögliche Risiken und Bedrohungen für eine Organisation oder Firma zu Recherchieren und sich dann natürlich bestmöglich auf die Abwehr und Erkennung vorzubereiten.

Virustotal.com haben wir schon zuvor kennengelernt – hier will ich aber die eigentliche Hauptfunktion der Webseite kurz vorstellen. Sie können verdächtige Dateien auf der Webseite hochladen und Sie erhalten dann eine Übersicht der Ergebnisse aller Virenscanner:

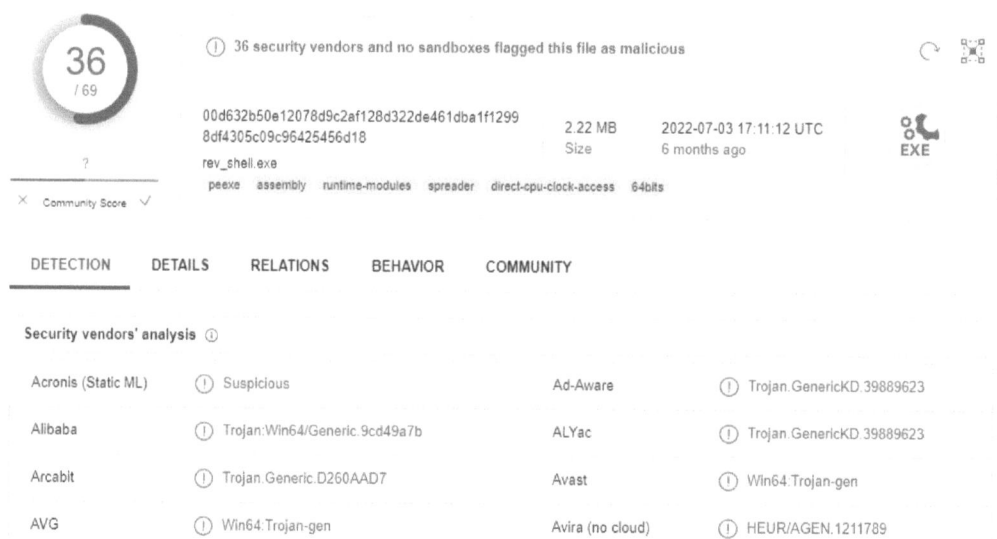

Wir können allerdings auch einfach den MD5-Hash einer suspekten Datei errechnen und danach suchen – so lässt sich prüfen ob eine Datei bereits bekannt ist und bereits geprüft wurde.

Hochgeladene Dateien werden selbst bei einem negativen Befund den Herstellern der Virenscanner zur Verfügung gestellt und dann nochmals von Malware-Analysten händisch geprüft. Handelt es sich um neue Schadware, kann man oftmals schon wenige Stunden später die ersten Treffer bei den ersten Virenscannern sehen.

Sollte die Datei selbst nach 48 Stunden noch immer nicht als schädlich erkannt werden, können Sie sicher sein, dass die Datei ungefährlich ist. Hierbei ist es natürlich wichtig nicht nur nach dem Hash zu suchen oder die Seite zu aktualisieren, sondern Sie müssen den Rescan-Button in der hellgrauen Leiste über dem Hash anklicken:

Dann ändert sich auch das Datum des letzten Scans, woran Sie das aktuelle Ergebnis erkennen.

Virustotal speichert hierbei alle Dateien langfristig – sie müssen diese also nicht immer wieder neu hochladen aber dies ist natürlich nicht ideal für Dateien, die eventuell neben einem schädlichen Makro auch vertrauliche Informationen enthalten wie zB nachträglich infizierte Dokumente von Ihrem Fileserver.

Über den Relations-Tab sehen wir dann IP-Adressen die mit dieser Schadware in Verbindung stehen:

DETECTION   DETAILS   RELATIONS   BEHAVIOR   COMMUNITY

Contacted IP addresses (3) ⓘ

IP	Detections	Autonomous System	Country
192.168.1.2	0 / 88	-	-
20.99.132.105	0 / 88	8075	US
23.216.147.76	2 / 88	20940	US

Der `Behavior`-Tab liefert uns dann detaillierte Informationen wie:

- Signaturen und IDS-Regeln
- Mitre ATT&CK Taktiken und Techniken
- Dateisystem-Artefakte wie erstellte Dateien
- Aktionen, Prozesse und Dienste die ausgeführt wurden oder mit der Schadware in Verbindung stehen

In diesem Zusammenhang sind meist auch bekannte Software-Schwachstellen und Sicherheitslücken wichtig. Man spricht hier auch von CVEs (*Common Vulnerabilities and Exposures*).

Ob eine bestimmte Programmversion bekannte Schwachstellen enthält und welche das sind, kann man beispielsweise auf folgenden Seiten recherchieren:

- `https://www.exploit-db.com`
- `https://cve.mitre.org`
- `https://nvd.nist.gov`
- `https://www.cvedetails.com`

Meist reicht eine Suche nach dem Programmnamen mit der Version - zB Apache 2.4.23:

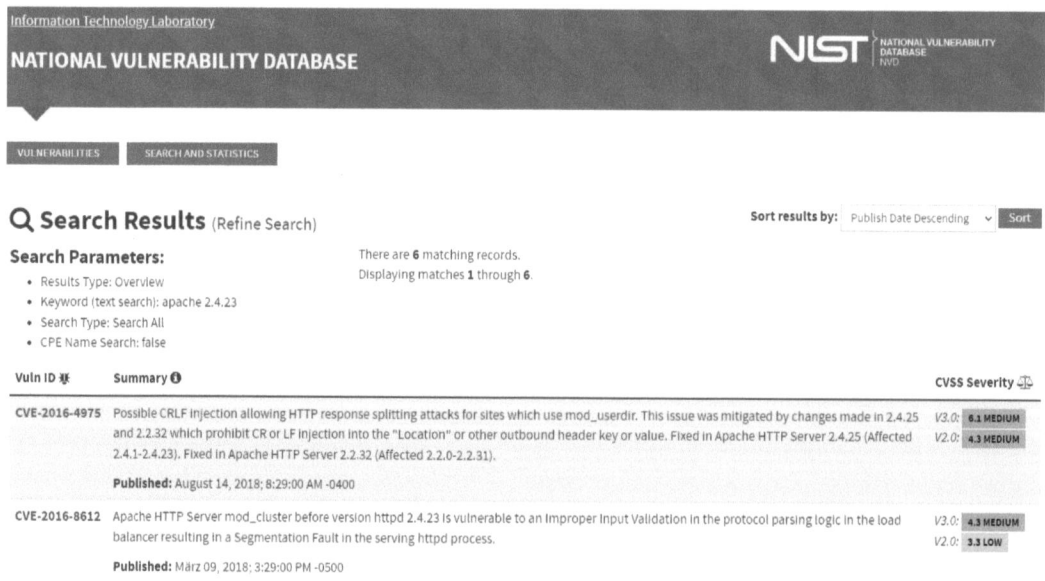

Mir als Pentester ist die Seite `exploit-db.com` besonders ans Herz gewachsen, da wir hier auch gleich fertige Beispiel-Programme finden, wie eine Lücke detektiert oder auch ausgenutzt werden kann:

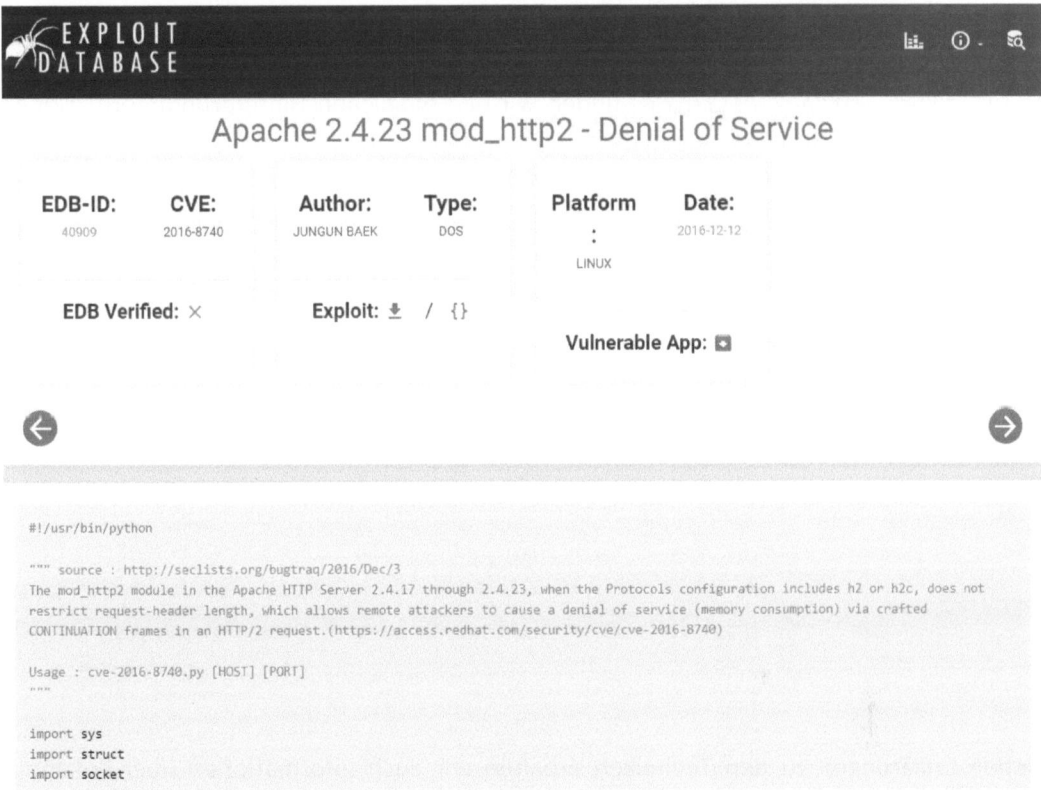

Wer die aktuellen Cyberangriffe in Echtzeit verfolgen will, wird Threat-Maps sehr interessant finden:

- `https://www.fireeye.com/cyber-map/threat-map.html`
- `https://threatmap.checkpoint.com`
- `https://talosintelligence.com`
- `https://talosintelligence.com/ebc_spam` *(Spam- & Malwareversand)*
- `https://threatmap.fortiguard.com`
- `https://livethreatmap.radware.com`

Deutlich weniger ansehnlich, dafür aber viel informativer wären Threat-Feeds:

- `https://otx.alienvault.com`
- `https://www.infragard.org`

Eine der besten Quellen für Threat-Intelligence ist `MITRE` und deren `ATT&CK` Framework. Unter `https://attack.mitre.org` finden wir alle möglichen Hintergrundinformationen zu Techniken, Taktiken und vielem mehr:

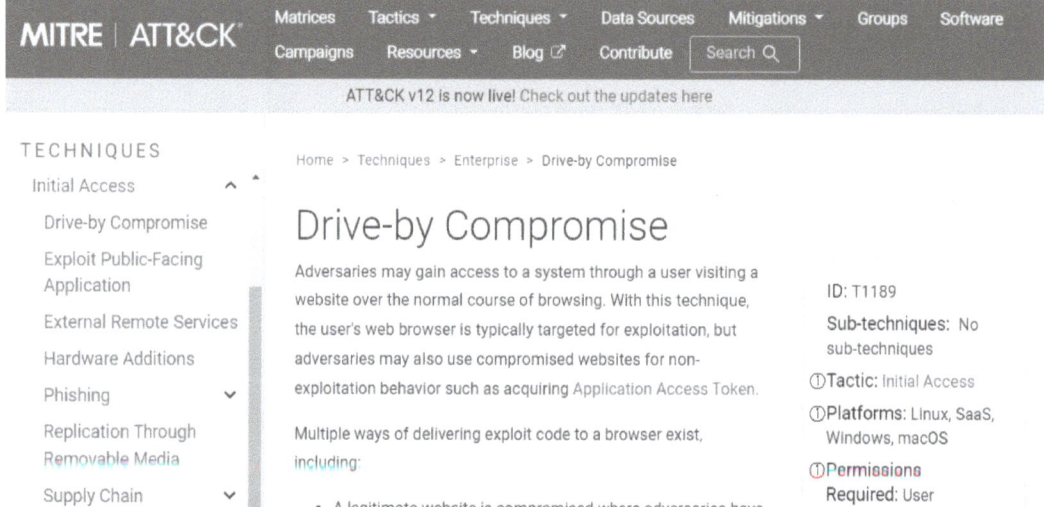

Neben Erklärungen zu den Techniken erhalten wir auch Informationen über bekannte Hackergruppen die mit derartigen Angriffen arbeiten, Hinweise wie diese Angriffe zu erkennen sind und wie man nach einem erfolgreichen Angriff vorgehen sollte, um weitere Schäden zu vermeiden und den normalen Betrieb wiederherzustellen.

OSINT MIT CSI-LINUX

CSI-Linux ist eine Linux-Distribution für Forensik- und OSINT. Hierbei können wir zwischen einer VM (*Virtuelle Maschine*) für VirtualBox oder VMware und einem DD-Image, das wir auf eine Festplatte extrahieren könnten, wählen. Sie können CSI-Linux von `https://csilinux.com/download/` herunterladen.

Ich werde hier die OVA-Datei für VirtualBox (`https://www.virtualbox.org`) nutzen. Diese kann mit `Datei -> Appliance importieren...` in VirtualBox geladen werden.

Der Vorteil von CSI-Linux ist, dass die eingebaute Verwaltung der Fälle es sehr erleichtert alle wichtigen Daten für die Berichterstattung zu sammeln und zu verwalten. Außerdem ist die Integration von TOR sehr praktisch um anonym zu bleiben. Dies alles zu erklären würde den Rahmen des Buches sprengen! Außerdem wird vom Hersteller eine Zertifizierung zum CSI-Linux Certified Investigator (`CSIL-CI`) kostenlos angeboten. Registrieren Sie sich auf `https://training.csilinux.com` und Sie können den Kurs zu CSI-Linux sofort online beginnen. Die Prüfung für das Zertifikat können Sie dann ebenfalls kostenlos ablegen.

An dieser Stelle kann ich Ihnen auch die Zertifizierung als CSI Linux Certified OSINT Analyst (`CSIL-COA`) nahelegen um Ihr OSINT-Wissen auch auf dem Arbeitsmarkt nachzuweisen, falls Sie berufliche Ambitionen in diesem Feld haben...

Alternativ dazu können Sie auch Kali-Linux oder Parrot Security OS verwenden. Beide Distributionen sind ideal für Pentesting und bringen die nachfolgend gezeigten Tools mit.

Für das Verständnis der gezeigten Dinge in diesem Kapitel sollten Sie Linux-Grundkenntnisse haben und sich im Linux-Terminal zurechtfinden. Eine Einführung in Linux würde den Rahmen des Buches sprengen. Es gibt jedoch viele gute Bücher und diverse andere Quellen zu diesem Thema!

Emails, URLs, IPs und geleakte Daten

Das Suchen nach den in der Überschrift genannten Dingen kann sehr viel Zeit in Anspruch nehmen vor allem wenn wir gezwungen sind uns durch hunderte Suchergebnisse auf dutzenden Seiten zu wühlen.

Glücklicherweise gibt es ein Tool, dass uns einen Großteil dieser Arbeit abnimmt. In CSI-Linux müssen wir das Terminal aufrufen und dann in das passende Verzeichnis wechseln:

csi@csi:~$ **cd /opt/theHarvester/**

Dann können wir uns die ganzen Optionen, die uns theHarvester bietet mit folgendem Befehl anzeigen lassen:

```
csi@csi:/opt/theHarvester$ ./theHarvester.py --help
*****************************************************************
*   _    _                                               _     *
*  | |_| |__    ___      /\  /\__ _ _ ____   _____  ___| |_ ___ _ __ *
*  | __| _ \ / _ \ / /_/ / _` | '__\ \ / / _ \/ __| __/ _ \ '__| *
*  | |_| | | |  __/ / __ / (_| | |  \ V /  __/\__ \ ||  __/ |    *
*   \__|_| |_|\___| \/ /_/ \__,_|_|   \_/ \___||___/\__\___|_|  *
*                                                               *
* theHarvester 4.3.0-dev                                        *
* Coded by Christian Martorella                                 *
* Edge-Security Research                                        *
* cmartorella@edge-security.com                                 *
*                                                               *
*****************************************************************
usage: theHarvester.py [-h] -d DOMAIN [-l LIMIT] [-S START] [-p] [-s]
[--screenshot SCREENSHOT] [-v] [-e DNS_SERVER] [-r] [-n] [-c]
[-f FILENAME] [-b SOURCE]

theHarvester is used to gather open source intelligence (OSINT) on a
company or domain.

options:
  -h, --help            show this help message and exit
```

```
-d DOMAIN, --domain DOMAIN
                        Company name or domain to search.
-l LIMIT, --limit LIMIT
                        Limit the number of search results, default=500.
-S START, --start START
                        Start with result number X, default=0.
-p, --proxies           Use proxies for requests, enter proxies in
                        proxies.yaml.
-s, --shodan            Use Shodan to query discovered hosts.
--screenshot SCREENSHOT
                        Take screenshots of resolved domains specify
                        output directory: --screenshot output_directory
-v, --virtual-host      Verify host name via DNS resolution and search for
                        virtual hosts.
-e DNS_SERVER, --dns-server DNS_SERVER
                        DNS server to use for lookup.
-r, --take-over         Check for takeovers.
-n, --dns-lookup        Enable DNS server lookup, default False.
-c, --dns-brute         Perform a DNS brute force on the domain.
-f FILENAME, --filename FILENAME
                        Save the results to an XML and JSON file.
-b SOURCE, --source SOURCE
                        anubis, baidu, bevigil, binaryedge, bing, bingapi,
                        bufferoverun, censys, certspotter, crtsh,
                        dnsdumpster, duckduckgo, fullhunt, github-code,
                        hackertarget, hunter, intelx, otx, pentesttools,
                        projectdiscovery, qwant, rapiddns, rocketreach,
                        securityTrails, sublist3r, threatcrowd,
                        threatminer, urlscan, virustotal, yahoo, zoomeye
```

Bevor wir einen Scan ausführen, werden wir einen API-Key hinterlegen. Dazu habe ich mir ein kostenloses Konto bei Intel-X erstellt. Unter dem Reiter Developer finden wir dann folgendes:

_IntelligenceX

🏠 Account   ⚙ Settings   🔎 Privacy Center   🖃 Orders   🔔 Alerts   `</>` Developer

Find our public software development kit (SDK) with API documentation and code samples here on GitHub. Read more about the Contact us for more information on corporate plans and data feeds that we offer.

Your API details:

Key: ▇▇▇▇▇▇▇▇▇▇▇▇▇▇▇▇▇▇▇

URL: https://2.intelx.io/

Your licence details:

Buckets:

Web » Public

Leaks » Public

Dumpster

Web » Government » Russia

Documents » Public

Preview:

Diesem API-Key müssen wir dann in die Datei /opt/theHarvester/api-keys.yaml eintragen. Wenn wir diese Datei mit einem Texteditor öffnen, finden wir die folgenden Zeilen:

```
... Ausgabe gekürzt ...
  hunter:
    key:


  intelx:
    key: xxxxxxxx-xxxx-xxxx-xxxx-xxxxxxxxxxxx


  pentestTools:
    key:
... Ausgabe gekürzt ...
```

Es reicht einfach den Key von der Webseite in die richtige Zeile (*nach* `intelx:`) einzufügen und die Datei zu speichern.

Dann können wir einen einfachen Scan mit folgendem Befehl ausführen:

```
csi@csi:/opt/theHarvester$ ./theHarvester.py -b all -d orf.at
... Ausgabe gekürzt ...


[*] Target: orf.at
```

151

```
[!] Missing API key for binaryedge.
[!] Missing API key for bufferoverun.
[!] Missing API key for Censys ID and/or Secret.
[!] Missing API key for fullhunt.
[!] Missing API key for Github.
[!] Missing API key for Hunter.
[!] Missing API key for PentestTools.
[!] Missing API key for ProjectDiscovery.
[!] Missing API key for RocketReach.
[!] Missing API key for Securitytrail.
[!] Missing API key for virustotal.
[!] Missing API key for zoomeye.
[*] Searching Anubis.
        Searching 0 results.
[*] Searching Bing.
        Searching results.
[*] Searching Certspotter.
[*] Searching Baidu.
[*] Searching Dnsdumpster.
[*] Searching Duckduckgo.
[*] Searching Intelx.
[*] Searching Hackertarget.
[*] Searching CRTsh.
[*] Searching Qwant.
[*] Searching Rapiddns.
[*] Searching Threatcrowd.
[*] Searching Otx.
[*] Searching Urlscan.
[*] Searching Yahoo.
[*] Searching Sublist3r.

[*] ASNS found: 4
--------------------
AS13335
AS14618
AS5403
AS8412
```

```
[*] Interesting Urls found: 6710
--------------------
http://radiobilder.orf.at/
https://audioapi.orf.at/
https://der.orf.at/
... Ausgabe gekürzt ...

[*] LinkedIn Links found: 0
---------------------

[*] IPs found: 194
------------------
13.56.128.144
23.111.9.67
34.224.9.101
... Ausgabe gekürzt ...
2606:4700:3033::6815:5f
2606:4700:3033::6815:867
2606:4700:3033::6815:41c4
... Ausgabe gekürzt ...

[*] Emails found: 3260
----------------------
enterprise@orf.at
konkret@orf.at
orf-startseiten@orf.at
presse@orf.at
zib2@orf.at
... Ausgabe gekürzt ...

[*] Hosts found: 1684
---------------------
2520news.orf.at
access.orf.at:81.16.149.213
... Ausgabe gekürzt ...
```

Dies liefert uns alle möglichen URLs, IP-Adressen, Emails, etc.

Wir sehen aber auch, dass wir für viele Dienste wie Virustotal, Github, Censys, PentestTools, usw. einen API-Key brauchen um darüber automatisiert Daten abzurufen.

Wie Sie sehen fragt `theHarvester` viele uns bereits bekannte Dienste wie `crt.sh` und diverse Suchmaschinen ab.

Damit sparen wir also eine Menge Arbeit – vor allem bei Suchmaschinen laufen wir allerdings Gefahr, dass wir wegen der vielen Suchanfragen gebannt werden und keine Ergebnisse mehr bekommen.

Um noch intensiver zu suchen können Sie zB mit `-l 1000` festlegen, dass 1000 Ergebnisse bei Suchmaschinen durchsucht werden. Natürlich können Sie die Anzahl frei wählen.

```
csi@csi:/opt$ h8mail -t zib2@orf.at
                    Official h8mail posts:
                    https://khast3x.club/tags/h8mail/


        Version 2.5.5 - "ROCKSMASSON.5"
    ._____. ._____.          ;_____;
    | ._. | | ._. |          ;    h8mail   ;
    | !_| |_|_|_! |          ;------------;
    !___| |_____!  Heartfelt Email OSINT
    .___|_|_| |___.     Use responsibly
    | ._____| |_. | ;_____;
    | !_! | | | !_! | ; github.com/khast3x ;
    !_____! !_____! ;-------------------;
```

[!] Not running latest h8mail version. [Current: 2.5.5 | Latest: 2.5.6]
[~] Removing duplicates
[>] Targets:
[>] zib2@orf.at
[>] scylla.so is up
[~] Target factory started for zib2@orf.at
[~] [zib2@orf.at]>[hunter.io public]
[>] Found 1249 related emails for zib2@orf.at using hunter.io (public)
[~] [zib2@orf.at]>[scylla.so]
[!] scylla.so error: zib2@orf.at

```
Expecting value: line 2 column 1 (char 1)
```

```
[>] Showing results for zib2@orf.at
HUNTER_PUB       |              zib2@orf.at > 1249 RELATED EMAILS
```

```
                            Session Recap:


            Target                  |                    Status
```

```
            zib2@orf.at             |              Not Compromised
```

```
Execution time (seconds):   1.7638933658599854
```

Auch hier würden wir wieder die API-Keys für HaveIBeenPwned, Hunter.io, IntelX, etc. benötigen. Besitzen Sie diese, lassen sich mit dem Tool die Ergebnisse gut zusammenführen.

Da diese Dienste jedoch Großteils kostenpflichtig sind, will ich Ihnen eine Alternative zeigen. Wir können eine ca. 45GB große Email und Passwort Liste aus diversen Leaks herunterladen und diese mit h8mail durchsuchen.

Um diese Daten herunterzuladen nutzen Sie einen Bittorrent-Client wie Transmission. Darin wählen Sie Datei -> Öffne URL... und dann fügen Sie diesen Magnet-Link ein:

```
magnet:?xt=urn:btih:7ffbcd8cee06aba2ce6561688cf68ce2addca0a3&dn=BreachCom
pilation&tr=udp%3A%2F%2Ftracker.openbittorrent.com%3A80&tr=udp%3A%2F%2Ftr
acker.leechers-paradise.org%3A6969&tr=udp%3A%2F%2Ftracker.coppersurfer.tk
%3A6969&tr=udp%3A%2F%2Fglotorrents.pw%3A6969&tr=udp%3A%2F%2Ftracker.opent
rackr.org%3A1337
```

Nachdem Sie den Speicherort festgelegt haben, brauchen Sie nur auf den Download der Daten warten. Ich habe die Daten im Ordner /opt/BreachCompilation abgelegt. Danach können wir diese Daten durchsuchen:

```
csi@csi:/opt$ h8mail -t a********.******@orf.at -bc /opt/BreachCompilation/
```

...liefert uns:

```
[>] Showing results for a********.******@orf.at
HUNTER_PUB    |        a********.******@orf.at > 1249 RELATED EMAILS
BC_PASS       |        a********.******@orf.at > j********h
```

Das Passwort und die Email habe ich natürlich für die Veröffentlichung zensiert.

Wenn uns theHarvester eine ganze Liste an Email-Adressen gefunden hat oder wir auf einem anderen Weg eine solche Liste erstellt haben, können wir h8mail auch eine Textdatei mit einer Email pro Zeile übergeben:

```
csi@csi:/opt$ h8mail -t /home/csi/emails.txt -bc /opt/BreachCompilation/
```

... liefert uns dann:

```
                         Session Recap:


          Target               |                 Status
----------------------------------------------------------------------------

        konkret@orf.at         |            Not Compromised

----------------------------------------------------------------------------

        zib2@orf.at            |            Not Compromised

----------------------------------------------------------------------------

      enterprise@orf.at        |            Not Compromised

----------------------------------------------------------------------------

    orf-startseiten@orf.at     |            Not Compromised

----------------------------------------------------------------------------

       presse@orf.at           |            Not Compromised

----------------------------------------------------------------------------
```

```
Execution time (seconds):    20.120726585388184
```

Der Nachteil hierbei ist, dass wir so zwar alle gefundenen Email-Adressen prüfen aber was ist mit Email-Adressen, die nur in den Leaks vorkommen aber nicht über andere Wege aufzufinden wären.

Dazu müssen wir nur alle Treffer aus der gesamten BreachCompilation extrahieren, die zu einer bestimmten Domain gehören. Leider bietet uns h8mail dazu keine Funktion. Daher nutze ich dafür diesen einfachen Einzeiler in bash:

```
csi@csi:/opt/BreachCompilation $ for i in `find ./data/ -type f`; do cat $i
| grep @orf.at; done;
```

Sehen wir uns das etwas genauer an... Mit find ./data/ -type f wird nach allen Dateien im Unterordner ./data/ gesucht. Hierbei sorgt `` dafür, dass der find-Befehl in einer Subshell ausgeführt wird.

Das bedeutet in dem Fall nichts anderes als, dass wir mit for i in die gefundenen Dateien wie eine Liste durchlaufen können. Das do cat $i | grep @orf.at; gibt dann die Datei aus und schickt diese Ausgabe durch den Befehl grep, welcher dann nur die Zeilen herausfiltert, die @orf.at enthalten.

Vereinfacht gesagt durchlaufen wir jede Datei und filtern die Zeilen heraus, die @orf.at enthalten. Die Bash (*Bourne Again Shell*) erlaubt es nicht nur Befehle auszuführen, sondern auch vollständige Programme damit zu schreiben.

Usernamen finden

Wir haben in diesem Zusammenhang schon einige Webseiten kennengelernt aber das nachfolgend vorgestellte Tool kann noch mehr Webseiten und Dienste prüfen.

Nachdem wir in das Stammverzeichnis von Sherlock gewechselt haben, können wir einen Usernamen wie folgt suchen:

```
csi@csi:/opt/sherlock$ python3 sherlock gronkh
Update Available!
You are running version 0.14.0. Version 0.14.2 is available at
https://git.io/sherlock
[*] Checking username gronkh on:
[+] 9GAG: https://www.9gag.com/u/gronkh
[+] About.me: https://about.me/gronkh
[+] Apple Discussions: https://discussions.apple.com/profile/gronkh
[+] Archive.org: https://archive.org/details/@gronkh
[+] Arduino: https://create.arduino.cc/projecthub/gronkh
[+] AskFM: https://ask.fm/gronkh
[+] Audiojungle: https://audiojungle.net/user/gronkh
[+] Bandcamp: https://www.bandcamp.com/gronkh
[+] BitBucket: https://bitbucket.org/gronkh/
[+] Blogger: https://gronkh.blogspot.com
... Ausgabe gekürzt ...
```

Ich habe hier als Beispiel gronkh verwendet. Dies ist ein sehr bekannter deutscher Youtuber und Streamer. Natürlich sind Usernamen nicht geschützt und theoretisch kann sich jeder in einer Plattform diesen Usernamen registrieren, wenn er noch frei ist.

Je bekannter der User ist umso eher trifft man auf Accounts die nur den gleichen Usernamen nutzen, aber nichts mit dem gesuchten User zu tun haben.

Telefonnummer prüfen und suchen

In diesem Zusammenhang will ich ihnen zwei Tools vorstellen. Zuerst sehen wir uns an wie wir anhand der Telefonnummer den Provider und das Land ermitteln:

```
csi@csi:/opt/phonenumber_info$ python3 phonenumber.py 4207358****2
Country Code: 420 National Number: 7358****2
Network provider: T-Mobile
Location: Czech Republic
```

Dies mag nicht so aufregend sein, ist aber in vielerlei Hinsicht interessant, wenn wir darauf aufbauend weitere Aktionen starten oder Suchanfragen entsprechend eingrenzen.

Natürlich könnte man dies mit einer einfachen Google-Suche erfahren aber der Vorteil eines solchen Scripts ist es, dass man die Ausgaben wiederum sehr einfach automatisch weiterverarbeiten kann.

Daher sind solche Scripte und kleine Tools sehr wichtig für die Automatisation von Aufgaben!

Ein weiteres Programm, dass uns die Arbeit erleichtert wäre phoneinfoga. Dieses Tool ist aber weder vorinstalliert noch in den Paketquellen der Distribution zu finden. Daher werden wir uns das Programm von Github nachträglich installieren.

Zuerst erstellen wir dazu einen Ordner in /opt und wechseln dann in diesen Ordner hinein:

```
csi@csi:/opt$ mkdir phoneinfoga
csi@csi:/opt$ cd phoneinfoga/
```

Danach können wir das passende vorkompilierte Programm mit wget herunterladen:

```
csi@csi:/opt/phoneinfoga$ wget
https://github.com/sundowndev/phoneinfoga/releases/download/v2.10.1/phonei
nfoga_Linux_x86_64.tar.gz
--2023-01-18 04:31:22--
Resolving github.com (github.com)... 140.82.121.3
Connecting to github.com (github.com)|140.82.121.3|:443... connected.
```

```
HTTP request sent, awaiting response... 302 Found
... Ausgabe gekürzt ...
Saving to: 'phoneinfoga_Linux_x86_64.tar.gz'

phoneinfoga_Linux_x86_64.tar.gz
100%[=====================================================================>]
7.62M  19.0MB/s    in 0.4s

2023-01-18 04:31:23 (19.0 MB/s) - 'phoneinfoga_Linux_x86_64.tar.gz' saved
[7994019/7994019]
```

Den Link finden Sie übrigens in den Releases auf der Github-Seite des Projekts:

```
https://github.com/sundowndev/phoneinfoga/releases
```

Hier müssen Sie die passende Version für Ihre Prozessorarchitektur und Ihr Betriebssystem auswählen!

Danach kann die Datei entkomprimiert und entpackt werden:

```
csi@csi:/opt/phoneinfoga$ gunzip phoneinfoga_Linux_x86_64.tar.gz
csi@csi:/opt/phoneinfoga$ tar -xf phoneinfoga_Linux_x86_64.tar
```

Die einfachste Art das Tool zu bedienen wäre über das Web-Interface, welches wir mit dem Befehl

```
csi@csi:/opt/phoneinfoga$ ./phoneinfoga serve
```

starten. Dann können wir über

```
http://[IP-ADRESSE]:5000/
```

darauf zugreifen:

Hier brauchen wir nur wie oben gezeigt die Telefonnummer angeben und den Lookup-Button anklicken.

Sollten wir die Ergebnisse wieder in einem Script verwenden wollen, könnten wir alternativ dazu auch folgenden Befehl in der Kommandozeile verwenden:

```
csi@csi:/opt/phoneinfoga$ ./phoneinfoga scan -n 4207358****2
```

Außerdem kann man das Tool auch mit allen anderen Sprachen wie Python abfragen. Dazu kann man einfach nur die REST-API starten ohne den Client:

```
csi@csi:/opt/phoneinfoga$ ./phoneinfoga serve –no-client
```

Wie genau die Abfragen erfolgen, entnehmen Sie bitte der Dokumentation!

Wenn wir etwas weiter hinunter scrollen, sehen wir folgendes:

Numverify

Googlesearch

```
▼{
  ▼social_media: [
    ▶0: { ··· },
    ▶1: { ··· },
    ▶2: { ··· },
    ▶3: { ··· },
    ▶4: { ··· }
  ],
  ▶disposable_providers: [ ··· ],
  ▶reputation: [ ··· ],
  ▶individuals: [ ··· ],
  ▼general: [
    ▼0: {
      number: "+4207358****2",
      dork: "intext:"4207358****2" | intext:"+4207358****2" | intext:"7358****2" | intext:"735 8** **2"",
      url: ▼"https://www.google.com/search?
      q=intext%3A%224207358****2%22+%7C+intext%3A%22%2B4207358****2%22+%7C+intext%3A%227358****2%22+%7C+i
      ntext%3A%22735+8**+**2%22"
    },
    ▶1: { ··· }
  ]
}
```

Hier haben wir dann die gleiche Ausgabe wie die Schnittstelle liefern würde. Wir können die verschachtelten Punkte und Unterpunkte dann aufklappen und einerseits den passenden Dork aber auch die fertige URL sehen.

Die URL können wir natürlich auch gleich mit einem Klick öffnen. Hier wird uns also nicht viel mehr geboten als die Zusammenstellung einer URL über die wir dann wieder die einzelnen Daten abfragen können.

Allerdings ist dies wiederum ideal um es in eigenen Scripts zu nutzen und die Daten so automatisiert abzufragen!

Das Experimentieren mit den Diensten, die nur über einen API-Key abgefragt werden können, überlasse ich Ihnen als kleine Übung!

Untersuchung der sozialen Medien

In diesem Kapitel will ich Ihnen nur exemplarisch ein paar Tools vorstellen da viele dieser Tools nicht langfristig weiterentwickelt werden, ist es oftmals erforderlich sich umzusehen und neue Tools gegebenenfalls nachzuinstallieren um nicht mehr funktionierende zu ersetzen.

Im Grunde haben wir hier also das gleiche Problem wie bei den OSINT-Webseiten. Diese funktionieren oftmals nur bis es ein Update auf der Seite oder dem Dienst der untersucht wird gibt.

Daher stelle ich bestimmte Tools nur als kleine Beispiele vor und zeige auch verschiedenste Arten wie man weitere Tools nachinstallieren kann. Sie werden am Ende des Buches dann auch einige Informationsquellen vorgestellt bekommen, auf denen Sie weitere Tools und Datenbanken finden können.

Ein recht interessantes Tool für Twitter ist twint – damit können wir beispielsweise alle Tweets eines Accounts auslesen:

```
csi@csi:~$ twint -u MarkOsintme
1588059520210804736 2022-11-03 00:44:28 -0700 <MarkOsintme> Ein schöner
Morgen! Ich freue mich schon auf den anstehenden Vortrag...
https://t.co/fNfgsLJMtd
1587806440533655553 2022-11-02 07:58:50 -0700 <MarkOsintme> In #Berlin
angekommen. Jetzt nur noch kurz im Hotel einchecken, duschen, umziehen und
dann ab ins Nachtleben... https://t.co/0qU9Ap7VeF
1580628833585483776 2022-10-13 12:37:35 -0700 <MarkOsintme> Endlich
angekommen - die Fahrt war lang! Ich gehe jetzt mit Freunden in meiner alten
Heimat einen Burger essen... https://t.co/LjPOlnNItF
[!] No more data! Scraping will stop now.
found 0 deleted tweets in this search.
```

Natürlich können wir auch innerhalb der Tweets nach einem bestimmten Begriff bzw. Keyword filtern:

```
csi@csi:~$ twint -u MarkOsintme -s berlin
1587806440533655553 2022-11-02 07:58:50 -0700 <MarkOsintme> In #Berlin
angekommen. Jetzt nur noch kurz im Hotel einchecken, duschen, umziehen und
dann ab ins Nachtleben... https://t.co/0qU9Ap7VeF
[!] No more data! Scraping will stop now.
found 0 deleted tweets in this search.
```

Oder wir durchsuchen alle Tweets nach einem bestimmten Begriff und schränken dies hierbei auch noch auf einen bestimmten Zeitraum ein:

```
csi@csi:~$ twint -s hackangriff --since "2023-01-01 00:00:00"
1615343090440540160 2023-01-17 06:39:39 -0700 <KAITOHKlD> @SedaBasay Ich war
mal in der Schweiz und habe dort um Hilfe gebeten. Nach 2 Sätzen "Deutsch"
(Schweizerischer Hackangriff) habe ich ganz lieb um eine Antwort auf Englisch
gebeten um die Antwort verstehen zu können. Man, war das mir peinlich.
1613138924653649922 2023-01-11 04:41:04 -0700 <Netzpiloten> Möchte man ein
System vor einem #Hackangriff schützen, sollte man es auf die Probe stellen.
Ethische Hacker greifen Systeme an, um mögliche Sicherheitslücken zu
identifizieren. https://t.co/zkZH2gsnlG
1612706771851743232 2023-01-10 00:03:51 -0700 <MongoVip> @mathiasGol43
@An0n_0x1 Größte Hackangriff gegen Hassrede von Projekt gegen Mobbing.
PMG_Offiziell
1611408704020037680 2023-01-06 10:05:48 -0700 <MartinUMueller> Die H-Hotels-
Gruppe kämpft nach einem Hackangriff mit Problemen. Entwendete Daten werden
im Darknet angeboten. Auch im Hotelbetrieb läuft noch nicht überall alles
wie gewohnt. https://t.co/y2BTcsQGJX via @SimonBuche @derspiegel
[!] No more data! Scraping will stop now.
found 0 deleted tweets in this search.
```

Ich nutze als Pentester oftmals die frei verfügbaren Informationen, die Mitarbeiter auf ihren sozialen Medien posten um individuelle Wortlisten zu generieren.

Ein Ansatz wäre es zB alle Tweets herunterzuladen und die einzelnen Wörter dann nach Häufigkeit zu sortieren:

```
csi@csi:~$ twint -u BillGates --since "2020-01-01" > bg.txt
```

Hat man diese Daten, könnte man anfangen die Wörter zu analysieren. Ein sehr einfaches Script, dass dies tun würde wäre `get_top_words.py`, welches wir wie folgt installieren:

```
csi@csi:~$ cd /opt/
csi@csi:/opt$ git clone https://github.com/mark-b1980/Get_top_words.git
Cloning into 'Get_top_words'...
remote: Enumerating objects: 3, done.
remote: Counting objects: 100% (3/3), done.
remote: Compressing objects: 100% (2/2), done.
remote: Total 3 (delta 0), reused 3 (delta 0), pack-reused 0
Receiving objects: 100% (3/3), done.
```

Zuerst wechseln wir mit `cd` zu /opt und dann Klonen wir das Github-Repository. Danach können wir in das soeben erstellte Verzeichnis wechseln und das Script verwenden:

```
csi@csi:/opt$ cd Get_top_words/
csi@csi:/opt/Get_top_words$ python3 get_top_words.py /home/csi/bg.txt 5
   80: <billgates>
   57: https
   24: world
   18: about
   15: global
   13: polio health
   10: climate
    8: breakthrough emissions
    7: thank energy
    6: endpolio support today years great learn
    5: people lives challenges kenya thanks progress innovators optimistic
       together meeting future incredible
```

Diese einfache Analyse hat einige interessante Begriffe wie world, polio, health, climate, emissions und energy herausgefiltert. Damit haben wir einen recht schnellen und groben Überblick welche Themen diese Person interessieren.

Hätten wir es hier nicht mit Bill Gates sondern einem einfachen Anwender zu tun, könnte man mit einer daraus abgeleiteten Wortliste eventuell benutzte Passwörter finden.

Sie sehen hier ein schönes Beispiel wie uns zwei einfache kleine Programme einen sehr schnellen Einblick in die Interessen und eventuell auch Ansichten einer Person geben. Sie können auf die gleiche Weise prüfen was die Welt über eine Person denkt:

```
csi@csi:/opt/Get_top_words$ twint --all elonmusk --since "2023-01-01" >
/home/csi/em.txt
```

... lieferte über 250.000 Tweets in einem Zeitraum von nicht einmal zwei Tagen und die nachstehende Häufigkeitsanalyse des Textes erbrachte:

```
csi@csi:/opt/Get_top_words$ python3 get_top_words.py /home/csi/em.txt 5 25
258079: elonmusk
30520: https
19855: twitter
17797: people
13606: disclosetv
11330: their
11298: about
10998: media
10161: should
10096: world
8933: there
8452: would
8318: because
7961: think
7263: tesla
6714: money
6353: right
6200: zaleskiluke
5939: control
5276: government
5020: physorg_com
5015: pnasnews
4877: catturd2
4799: please
4612: truth
```

Der --all Parameter liefert hierbei alle Tweets die ein Userkonto betreffen und nicht nur diejenigen, die von diesem Userkonto erfolgten. Damit bekommen wir einen guten Überblick was auf Twitter gepostet wird.

Hier decken Sich die Begriffe `twitter`, `people`, `media`, `world`, `tesla` und `money` recht gut mit dem was man in den regulären Medien findet.

Um die Analyse zu verfeinern kann man in meinem Script auch noch Begriffe anfügen, die dann ignoriert werden – der folgende Befehl liefert eine um diverse irrelevante Begriffe bereinigte Liste:

```
csi@csi:/opt/Get_top_words$ python3 get_top_words.py /home/csi/em.txt 5 25
https elonmusk their about there think right would please never
```

Als nächstes wollen wir uns ein recht nützliches Tool zur Analyse von Instagram-Konten ansehen. Osintgram ist ebenfalls bereits unter /opt installiert und kann direkt benutzt werden. Bevor wir die erste Analyse ausführen müssen wir die Datei /opt/Osintgram/config/credentials.ini bearbeiten.

Dazu müssen wir die Datei einfach mit einem Editor öffnen. Der Inhalt der Datei sieht wie folgt aus:

```
[Credentials]
username =
password =
```

Tragen Sie hier einfach den Username und das Passwort eines Ihrer Sockpuppet Accounts ein und speichern Sie die Datei. Osintgram wird sich dann mit diesen Zugangsdaten anmelden um auf die Inhalte zugreifen zu können.

Danach können wir das Programm wieder im Terminal aufrufen und den Instagram-Usernamen des zu untersuchenden Kontos als Argument übergeben:

```
csi@csi:/opt/Osintgram$ python3 main.py nautik**********d
```

```
Attempt to login...
```

```
 _____         .--          __
 \_____    \ _____|__| _____/  |_ _____   _____
  /    |   \ / ___/  |/    \   __\/ ___\_   __ \_  \ /     \
 /     |    \\___ \|  |  |  \   | / /_/  > |  \// __ \|  Y Y  \
 _____  /____  >__|__|  /__| /|__|  (____  /__|_|  /
         \/     \/        \/   /_____/          \/       \/
```

Version 1.1 - Developed by Giuseppe Criscione

Type 'list' to show all allowed commands
Type 'FILE=y' to save results to files like '<target username>_<command>.txt
(default is disabled)'
Type 'FILE=n' to disable saving to files'
Type 'JSON=y' to export results to a JSON files like '<target
username>_<command>.json (default is disabled)'
Type 'JSON=n' to disable exporting to files'
Run a command: **addrs**
Searching for target localizations...

Woohoo! We found 13 addresses

```
+------+-------------------------------------------+--------------------+
| Post | Address                                   |        time        |
+------+-------------------------------------------+--------------------+
| 1    |                                           | 2022-12-03 02:00:08 |
+------+-------------------------------------------+--------------------+
| 2    | Novo Selo Perjasičko, Općina Barilović,   | 2022-11-24 10:00:06 |
|      | Karlovačka županija, Hrvatska             |                    |
+------+-------------------------------------------+--------------------+
| 3    | 26, Via Guglielmo Marconi, Latisanotta,   | 2022-10-03 10:02:39 |
|      | Latisana, Udine, Friuli-Venezia Giulia,   |                    |
|      | 33053, Italia                             |                    |
... Ausgabe gekürzt ...
```

Dieses Programm hat ein Menü über das wir verschiedenste Befehle ausführen können. Sie sehen oben die Ausgabe des addrs Befehls.

Einige Hacking- und OSINT-Tools arbeiten auf diese Weise. Wenn Sie eine Übersicht der Befehle wünschen, bekommen Sie diese bei den meisten Tools mit dem `help` Befehl:

```
Run a command: help
FILE=y/n     Enable/disable output in a '<target username>_<command>.txt'
             file'
JSON=y/n     Enable/disable export in a '<target username>_<command>.json'
             file'
addrs        Get all registered addressed by target photos
cache        Clear cache of the tool
captions     Get target's photos captions
commentdata  Get a list of all the comments on the target's posts
comments     Get total comments of target's posts
followers    Get target followers
followings   Get users followed by target
fwersemail   Get email of target followers
fwingsemail  Get email of users followed by target
fwersnumber  Get phone number of target followers
fwingsnumber Get phone number of users followed by target
hashtags     Get hashtags used by target
info         Get target info
likes        Get total likes of target's posts
mediatype    Get target's posts type (photo or video)
photodes     Get description of target's photos
photos       Download target's photos in output folder
propic       Download target's profile picture
stories      Download target's stories
tagged       Get list of users tagged by target
target       Set new target
wcommented   Get a list of user who commented target's photos
wtagged      Get a list of user who tagged target

Run a command: quit
Goodbye!
```

Mit quit können Sie das Programm beenden.

Natürlich können Sie die Kommandos bereits beim Programmstart übergeben. Auf diese Weise sind die Ausgaben nutzbar um dann direkt mit einem anderen Programm weiterverarbeitet zu werden:

```
csi@csi:/opt/Osintgram$ python3 main.py nautik***********d -c comments

Logged as m*******. Target: nautik***********d [480*******] [NOT FOLLOWING]

Searching for target total comments...
78 comments in 166 posts
```

Wobei die Ausgaben für eine automatische Weiterverarbeitung nicht ideal sind. Daher würde ich eher empfehlen auch die -j und -o Optionen zu verwenden um die Daten in eine JSON-Datei zu schreiben:

```
csi@csi:/opt/Osintgram$ python3 main.py nautikschuleconrad -j -o output -c
addrs
```

liefert folgende Datei:

```
{"address": [{"address":
"\u0789\u07a6\u0787\u07b0\u0797\u07a6\u0782\u07b0\u078e\u07ae\u0785\u07a8,
\u0789\u07a7\u078d\u07ac, 20197,
\u078b\u07a8\u0788\u07ac\u0780\u07a8\u0783\u07a7\u0787\u07b0\u0796\u07ac",
"time": "2022-12-03 02:00:08"},
{"address": "Novo Selo Perjasi\u010dko, Op\u0107ina Barilovi\u0107,
Karlova\u010dka \u017eupanija, Hrvatska", "time": "2022-11-24 10:00:06"},
{"address": "26, Via Guglielmo Marconi, Latisanotta, Latisana, Udine,
Friuli-Venezia Giulia, 33053, Italia", "time": "2022-10-03 10:02:39"},
... Ausgabe gekürzt ...
]}
```

Webseiten analysieren

Hierzu können wir diverse Linux-Tools nutzen um einige Informationen zu erhalten. DNS-Informationen können wir wie folgt abrufen:

```
csi@csi:~$ dig orf.at ANY @8.8.8.8

; <<>> DiG 9.18.1-1ubuntu1.1-Ubuntu <<>> orf.at ANY @8.8.8.8
;; global options: +cmd
;; Got answer:
;; ->>HEADER<<- opcode: QUERY, status: NOERROR, id: 37214
;; flags: qr rd ra; QUERY: 1, ANSWER: 27, AUTHORITY: 0, ADDITIONAL: 1

;; OPT PSEUDOSECTION:
; EDNS: version: 0, flags:; udp: 512
;; QUESTION SECTION:
;orf.at.                        IN      ANY

;; ANSWER SECTION:
orf.at.                 10800   IN      AAAA    2a01:468:1000:9::3
orf.at.                 10800   IN      AAAA    2a01:468:1000:9::139
orf.at.                 10800   IN      AAAA    2a01:468:1000:9::140
orf.at.                 10800   IN      AAAA    2a01:468:1000:9::141
orf.at.                 10800   IN      AAAA    2a01:468:1000:9::142
orf.at.                 10800   IN      AAAA    2a01:468:1000:9::4
orf.at.                 10800   IN      AAAA    2a01:468:1000:9::149
orf.at.                 10800   IN      AAAA    2a01:468:1000:9::150
orf.at.                 21600   IN      TXT     "ORF - Oesterreichischer
                                                Rundfunk, Vienna, Austria"
orf.at.                 21600   IN      TXT     "Sendinblue-code:
                                                aa2789879467a12bc6861a37..."
orf.at.                 21600   IN      TXT     "facebook-domain-
                                                verification=h5iukx3whdx..."
orf.at.                 21600   IN      TXT     "v=spf1 a:orf.at a:ips.orf.
                                                at mx:orf.at include:spf.
                                                mailjet.com include:spf.
                                                eyepinnews.com ~all"
```

```
orf.at.                    21600  IN    TXT     "google-site-verification=x-
                                                x0HlFf8WLZAZ0GyCaEfTFs8b..."
orf.at.                    21600  IN    TXT     "apple-domain-verification=
                                                etWXe70imKjQwjlF"
orf.at.                    21600  IN    MX      10 mx1.orf.at.
orf.at.                    21600  IN    MX      10 mx2.orf.at.
orf.at.                    10800  IN    NS      ns3.apa.at.
orf.at.                    10800  IN    NS      ns4.apa.net.
orf.at.                    21600  IN    A       194.232.104.150
orf.at.                    21600  IN    A       194.232.104.142
orf.at.                    21600  IN    A       194.232.104.4
orf.at.                    21600  IN    A       194.232.104.139
orf.at.                    21600  IN    A       194.232.104.141
orf.at.                    21600  IN    A       194.232.104.3
orf.at.                    21600  IN    A       194.232.104.140
orf.at.                    21600  IN    A       194.232.104.149
orf.at.                    21600  IN    SOA     ns3.apa.at. netadmin.orf.at.
                                                2022102667 900 3600 604800
                                                10800
```

Mit diesem Befehl weisen wir `dig` an alle (ANY) Einträge zu `orf.at` vom Google-DNS (`@8.8.8.8`) anzuzeigen.

Natürlich können wir auch direkt die `WHOIS`-Daten abfragen:

```
csi@csi:~$ whois orf.at
% Copyright (c)2023 by NIC.AT (1)
... Ausgabe gekürzt ...

domain:         orf.at
registrar:              APA-IT  Informations   Technologie   GmbH   (
https://nic.at/registrar/658 )
registrant:     <data not disclosed>
tech-c:         AITG8960167-NICAT
nserver:        ns3.apa.at
nserver:        ns4.apa.net
changed:        20211118 10:06:17
source:         AT-DOM
```

```
personname:       APA Tech
organization:     APA-IT Informations Technologie GmbH
street address:   Laimgrubengasse 10
postal code:      1060
city:             Wien
country:          Austria
phone:            +431360606666
fax-no:           +43136060926666
e-mail:           servicedesk@apa.at
nic-hdl:          AITG8960167-NICAT
changed:          20200107 10:33:09
source:           AT-DOM
```

Auch hier erhalten wir die gleichen Informationen wie auf diversen Webseiten, können diese aber deutlich einfacher automatisiert weiterverarbeiten...

Befehle wie Ping erlauben es nicht nur die IP einer Webseite zu erfahren, sondern auch zu prüfen ob diese erreichbar ist:

```
csi@csi:~$ ping -c 1 orf.at
PING orf.at (194.232.104.142): 56 data bytes
64 bytes from 194.232.104.142: icmp_seq=0 ttl=49 time=19.349 ms
--- orf.at ping statistics ---
1 packets transmitted, 1 packets received, 0% packet loss
round-trip min/avg/max/stddev = 19.349/19.349/19.349/0.000 ms
```

Hier sorgt -c 1 dafür, dass nur ein Ping-Paket gesendet wird. Um zu prüfen ob der letzte Befehl erfolgreich war, können wir uns den Wert von der Bash-Variable $? ansehen:

```
csi@csi:~$ echo $?
0
```

Hier bedeutet 0, dass alles OK ist und jede andere Zahl ist ein Fehlercode...

Das sehen wir am nächsten Beispiel recht deutlich. Hier versuchen wir eine Webseite zu pingen die es nicht gibt:

```
csi@csi:~$ ping -c 1 asdasrqvarawevawe.biz
ping: unknown host
csi@csi:~$ echo $?
1
```

Der Fehlercode 1 gibt an, dass der letzte Befehl nicht erfolgreich war! So können wir in einem Bash-Script sehr einfach prüfen ob ein vorangegangener Befehl erfolgreich war oder nicht und dann darauf reagieren.

Selbstverständlich können wir bei WHOIS-Abfragen auch die IP-Adresse angeben:

```
csi@csi:~$ whois 194.232.104.142
... Ausgabe gekürzt ...

% Abuse contact for '194.232.104.0 - 194.232.104.255' is 'technik@orf.at'

inetnum:        194.232.104.0 - 194.232.104.255
netname:        HOUSING-NET
country:        AT
org:            ORG-OR44-RIPE
admin-c:        AN6666-RIPE
tech-c:         AN6666-RIPE
status:         ASSIGNED PA
mnt-by:         AS5403-MNT
created:        2009-06-09T13:15:15Z
last-modified:  2017-11-02T13:48:49Z
source:         RIPE

... Ausgabe gekürzt ...
```

Als nächstes installieren wir das Programm subfinder:

```
csi@csi:~$ cd /opt/
csi@csi:/opt$ mkdir subfinder
csi@csi:/opt$ cd subfinder/
csi@csi:/opt/subfinder$ wget
https://github.com/projectdiscovery/subfinder/releases/download/v2.5.5/sub
finder_2.5.5_linux_amd64.zip
```

... Ausgabe gekürzt ...

```
subfinder_2.5.5_linux_amd64.zip
100%[======================================>]   4.15M  24.3MB/s    in 0.2s

2023-01-20 03:06:09 (24.3 MB/s) - 'subfinder_2.5.5_linux_amd64.zip' saved
[4354683/4354683]

csi@csi:/opt/subfinder$ unzip subfinder_2.5.5_linux_amd64.zip
Archive:  subfinder_2.5.5_linux_amd64.zip
  inflating: subfinder
```

Dann können wir das Programm nutzen um alle Subdomains einer Seite zu ermitteln:

```
csi@csi:/opt/subfinder$ ./subfinder -d orf.at > orf.txt
```

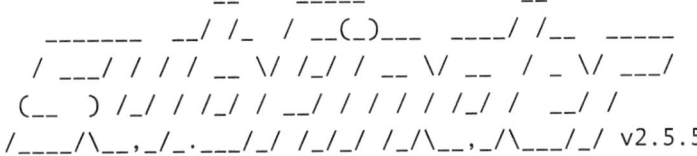

```
                __/ /_   / __(_)___  ____/ /__  _____
   / ___/ / / / __ \/ /_/ / __ \/ __  / _ \/ ___/
  (__  ) /_/ / /_/ / __/ / / / / /_/ /  __/ /
 /____/\__,_/_.___/_/ /_/_/ /_/\__,_/\___/_/ v2.5.5

                projectdiscovery.io
```

Use with caution. You are responsible for your actions
Developers assume no liability and are not responsible for any misuse or
damage.
By using subfinder, you also agree to the terms of the APIs used.

```
[INF] Loading provider config from '/home/csi/.config/subfinder/provider-
config.yaml'
[INF] Enumerating subdomains for 'orf.at'
pub2.mc.orf.at
psql2.orf.at
ftp-weathersuite.orf.at
werimpftgewinnt.orf.at
... Ausgabe gekürzt ...
oe1admin.orf.at
```

```
ftp.ict.orf.at
tuvalu.orf.at
[INF] Found 493 subdomains for 'orf.at' in 7 seconds 992 milliseconds
```

Hierbei kann man die Ausgabe mit > `datei.txt` in eine Datei schreiben oder mit | einem anderen Programm direkt übergeben. Hier erhalten wir bei der Umleitung der Ausgabe in eine Datei eine saubere Liste mit einer Subdomain pro Zeile.

Eine Alternative zu `subfinder` wäre das Programm `assetfinder`. Die Installation und das Erkunden der Möglichkeiten beider Programme überlasse ich Ihnen als kleine Übung.

Ein Tool, dass alle möglichen Quellen zusammenführt und auch sehr beliebt bei Pentestern ist, nennt sich OWASP Amass. Das Tool kann aus dem Quellcode installiert werden.

Dazu müssen wir die Datei /home/csi/.bashrc anpassen und folgende drei Zeilen am Ende der Datei anfügen:

```
export GOPATH="$HOME/go"
export GOROOT="/usr/lib/go"
export PATH="$PATH:$GOROOT/bin:$GOPATH/bin"
```

Nachdem die Datei gespeichert wurde, müssen wir geöffnete Terminals schließen und wieder öffnen oder wir führen den Befehl source /home/csi/.bashrc aus.

Dann können wir die Installation mit folgendem Befehl starten:

```
csi@csi:~$ go install -v github.com/OWASP/Amass/v3/...@master
go: downloading github.com/OWASP/Amass/v3 v3.21.2
go: downloading github.com/OWASP/Amass v1.5.3-0.20190925044303-702376c79403
go: downloading github.com/caffix/netmap v0.0.0-20220914054450-df95cd3987ae
... Ausgabe gekürzt ...
```

Die Installation dauert ein paar Minuten, haben Sie also etwas Geduld. Danach können wir das Programm nutzen um uns eine Liste aller Subdomains zu erstellen:

```
csi@csi:~$ amass enum -d orf.at
```

Diese Abfrage dauert allerdings sehr lange. Außerdem bietet uns Amass mit der `intel` Option noch viel mehr Möglichkeiten. Daher sollten Sie sich unbedingt den Amass Userguide unter der folgenden URL ansehen:

```
https://github.com/OWASP/Amass/blob/master/doc/user_guide.md
```

Ein weiteres nützliches Tool ist `httprobe` – damit können wir nicht nur wie mit `ping` ermitteln ob ein System erreichbar ist, sondern prüfen ob dahinter ein Webserver auf Verbindungen wartet.

Das Programm kann mit

```
csi@csi:~$ go install github.com/tomnomnom/httprobe@latest
```

nachinstalliert werden.

Um eine Liste an URLs zu prüfen, können wir folgenden Befehl nutzen:

```
csi@csi:~$ cat orf.txt | httprobe
http://kaernten.orf.at
http://backstage.orf.at
https://kaernten.orf.at
http://helpv1.orf.at
https://mims-backend.orf.at
https://pub2.mc.orf.at
https://backstage.orf.at
... Ausgabe gekürzt ...
```

Hier sehen wir schön wie alle URLs nacheinander geprüft werden. Das liegt daran, dass `cat` den Dateiinhalt von `orf.txt` ausgibt und | diese Ausgabe als Eingabe für `httprobe` nutzt.

Um die Ergebnisse mit `http://` zu ignorieren könnte man die Option `-p https:443` nutzen, womit wir `httprobe` anweisen nur https-Verbindungen auf Port 443 zu prüfen. Natürlich könnte man damit auch https-Verbindungen auf anderen Ports suchen und zB mit `-p https:8081` prüfen, ob eine bestimmte Art Webcam auf einer der Subdomains läuft für die dieser Port typisch ist.

Eine solche Suche würde aber immer einige falsch-positive und falsch-negative Ergebnisse liefern, da ein Administrator den Port für einen Dienst auch selber beliebig ändern kann.

Als schneller automatisierter Test um ein paar erste Ergebnisse zu erhalten ist so etwas aber immer gut nutzbar. Oft findet man so schon nützliche Informationen ohne alle anderen Ergebnisse manuell zu prüfen.

Natürlich kann man diese Ergebnisse weiterverarbeiten und mit einer Analyse der Header oder des Quellcodes Dinge wie API-Endpoints, etc. herausfiltern.

Auch das nutze ich regelmäßig bei Pentests...

Oftmals ist es nützlich den Quellcode der einzelnen Seiten herunterzuladen um dann über alle Subdomains bestimmte Dinge in Quellcode zu suchen...

Den Download können wir mit `curl` erledigen:

```
csi@csi:~$ mkdir html_code
csi@csi:~$ for url in `cat orf.txt`; do curl -m 3 $url > html_code/$url.html;
done;
```

% Total		% Received	% Xferd	Average Speed		Time	Time	Time	Current
				Dload	Upload	Total	Spent	Left	Speed
100	35459	0	35459	0	0	59514	0 --:--:--	--:--:--	--:--:--	59594

% Total		% Received	% Xferd	Average Speed		Time	Time	Time	Current
				Dload	Upload	Total	Spent	Left	Speed
0	0	0	0	0	0	0	0 --:--:--	0:00:02	--:--:--	0

```
curl: (28) Connection timed out after 3000 milliseconds
```

% Total		% Received	% Xferd	Average Speed		Time	Time	Time	Current
				Dload	Upload	Total	Spent	Left	Speed
0	0	0	0	0	0	0	0 --:--:--	0:00:02	--:--:--	0

```
curl: (28) Connection timed out after 3000 milliseconds
```

% Total		% Received	% Xferd	Average Speed		Time	Time	Time	Current
				Dload	Upload	Total	Spent	Left	Speed
0	0	0	0	0	0	0	0 --:--:--	--:--:--	--:--:--	0

```
... Ausgabe gekürzt ...
```

Hier nutzen wir wiederum eine Schleife in der dir alle Zeilen der Datei orf.txt durchlaufen und dann curl mit -m 3 (*max. Wartedauer bis zum Timeout 3 Sekunden*) für jede der URLs ausführen und die Ausgabe in eine HTML-Datei umleiten.

Dann können wir mit einer Schleife die einzelnen Dateien durchlaufen und mit grep nach einem Begriff suchen. Beispielsweise nach jquery:

```
csi@csi:~/html_code$ for i in *; do echo $i; cat $i | grep jquery; done;
backstage.orf.at.html
extranet.orf.at.html
ftp-weathersuite.orf.at.html
helpv1.orf.at.html
kaernten.orf.at.html
luke.orf.at.html
mims-backend.orf.at.html
orfeapp8.orf.at.html
psql2.orf.at.html
pub2.mc.orf.at.html
    <script type="text/javascript" src="/js/jquery-1.3.1.js"></script>
    <script type="text/javascript" src="/js/jquery-1.11.1.min.js"></script>
    <script type="text/javascript" src="/js/jquery-2.1.1.js"></script>
    <script type="text/javascript" src="/js/jquery.js"></script>
    <script type="text/javascript" src="/js/jquery.defaultvalue.js"></script>
s.orf.at.html
sophseed.orf.at.html
werimpftgewinnt.orf.at.html
```

Ein weiteres interessantes Tool das wir bereits vorinstalliert haben, ist DumpsterDiver:

```
csi@csi:/opt/DumpsterDiver$ python3 DumpsterDiver.py -p
/home/csi/html_code/ -as
```

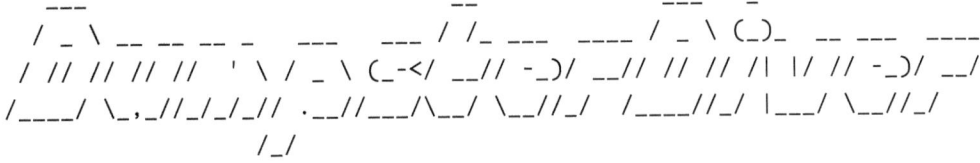

```
FOUND POTENTIAL PASSWORD!!!
Potential password };t.isIE7?e( has been found in file
/home/csi/html_code/pub2.mc.orf.at.html
INTERESTING FILE HAS BEEN FOUND!!!
The rule defined in 'rules.yaml' file has been triggerred. Checkout the
file /home/csi/html_code/false_positive.json
FOUND POTENTIAL PASSWORD!!!
Potential password JaGT!j92rZ7x has been found in file
/home/csi/html_code/false_positive.inc
```

Zur Demonstration des Tools habe ich eine INC-Datei und eine JSON-Datei in diesem Ordner abgelegt. Die eine enthielt einen AWS Access Key und die andere DB-Zugangsdaten mit einem Passwort.

JSON- und INC-Dateien werden von den meisten Servern als reine Textdatei betrachtet und einfach ausgeliefert. So können Zugangsdaten recht schnell geleakt werden. Ein Tool, dass Ihnen dabei hilft solche Dateien zu finden wäre gobuster. Allerdings hat das schon mehr mit Pentesting zu tun als mit OSINT.

Informationen aus Metadaten gewinnen

Metadaten sind als "Daten über Daten" definiert. Damit sind zB Daten im Dateisystem einer Festplatte gemeint, die enthalten wem eine Datei gehört, wann diese erstellt wurde, etc. Viele Programme vermerken derartige Dinge ebenfalls in den Dateien.

Im Geolocation-Kapitel haben wir bereits das Programm exiftool kennengelernt. Bevor wir alle möglichen Informationen aus EXIF-Daten ziehen können, müssen wir erst alle Dateien finden denen wir Informationen entlocken können.

Genau hier kommt metagoofil ins Spiel. Dieses Tool erlaubt es uns alle Dateien eines bestimmten Formats von einer Webseite herunterzuladen:

```
csi@csi:/opt/metagoofil$ python3 metagoofil.py -d orf.at -l 10 -o
/home/csi/orf -w -t "doc,pdf,docx"
[*] Searching for 10 .doc files and waiting 30.0 seconds between searches
[*] Results: 10 .doc files found
https://helpv1.orf.at/dateien/3337_RS_Tabelle6.doc
https://helpv1.orf.at/dateien/3336_RS_Tabelle5.doc
https://helpv1.orf.at/dateien/3334_RS_Tabelle3.doc
https://helpv1.orf.at/dateien/3333_RS_Tabelle2.doc
https://oe1.orf.at/pdf/Lehrerdienstrechtsreform_Bundesgesetz_Entwurf_12_08
_2013.doc
https://helpv1.orf.at/dateien/1312_Transfett_Tabelle.doc
https://helpv1.orf.at/dateien/3188_helpTV070627.doc
https://helpv1.orf.at/dateien/3338_RS_Anbieter.doc
https://helpv1.orf.at/dateien/3317_HelpTV070905.doc
http://okidoki.orf.at/dateien/14989_INFO_Sharkproject.doc
[*] Searching for 10 .docx files and waiting 30.0 seconds between searches
[*] Results: 10 .docx files found
https://lichtinsdunkel.orf.at/2022_antragsformularsoforthilfe100.docx
https://lichtinsdunkel.orf.at/projektansuchen_22_23_100.docx
https://der.orf.at/jobs/2020_Oe3_Fragebogen100.docx
https://lichtinsdunkel.orf.at/jubilaeumsfonds/jubilaeumsfonds_formular100.
docx
https://okidoki.orf.at/dateien/37783_HELMI_Casting_Bewerbungsform.docx
http://okidoki.orf.at/dateien/37783_HELMI_Casting_Bewerbungsform.docx
```

```
https://tv.orf.at/program/orf2_nig357_rezept100.docx
https://lichtinsdunkel.orf.at/jubilaeumsfonds/medienpreis22_einreichformul
ar100.docx
https://tv.orf.at/program/orf2/211019_stzwei_Martinigansl_RobertGeidel100.
docx
https://tv.orf.at/program/orf2/Silviaunterwegs_010522_Rezept100.docx
[*] Searching for 10 .pdf files and waiting 30.0 seconds between searches
[*] Results: 10 .pdf files found
https://lichtinsdunkel.orf.at/projektfoerderung102.pdf
https://lichtinsdunkel.orf.at/2022_Foerderkriterien_Projektvergabe100.pdf
https://tv.orf.at/aufgetischt_semmering_rezept100.pdf
https://tv.orf.at/nig211107_rezept100.pdf
https://lichtinsdunkel.orf.at/2022_smaragdpartnerschaft100.pdf
https://lichtinsdunkel.orf.at/2022_rubinpartnerschaft100.pdf
https://lichtinsdunkel.orf.at/finanzbericht100.pdf
https://lichtinsdunkel.orf.at/2022_platinpartnerschaft100.pdf
https://lichtinsdunkel.orf.at/2022_diamantpartnerschaft100.pdf
https://tv.orf.at/nig22_3107_sonnenblumenbutter100.pdf
[+] Done!
```

Sehen wir uns die Optionen genauer an:

-d . . . . . . Domain nach der auf Google gesucht wird

-l 10 . . . Limit der zu untersuchenden Treffer (10)

-o . . . . . . Ausgabe-Ordner in dem die Dateien abgelegt werden

-w . . . . . . Download der Dateien durchführen

-t . . . . . . Liste der Dateierweiterungen (*hier* doc, pdf *und* docx)

Danach können wir die Dateien wieder mit einer Schleife und Exiftool untersuchen. Mit grep beschränken wir die Ausgabe wiederum auf für uns interessante Zeilen. So können wir zB einige Namen von aktuellen oder ehemaligen Mitarbeitern finden:

```
csi@csi:~/orf$ for i in *; do exiftool $i  | grep Author; done;
Author                          : w. k***
Author                          : O****** David
csi@csi:~/orf$ for i in *; do exiftool $i  | grep Modified; done;
Last Modified By                : w. k***
Last Modified By                : pruchape (orf.local)
```

```
Last Modified By          : Thomas L*******
Last Modified By          : Verena K*****
Last Modified By          : G***** Claudia, FP 5
Last Modified By          : A******* Katja MA, HD 1
Last Modified By          : Claudia K****
Last Modified By          : Thimo K******
Last Modified By          : Julia S*********
Last Modified By          : Daniela W****
Last Modified By          : Gabriel N*********
```

Oder wir verschaffen uns einen Überblick über die eingesetzte Software:

```
csi@csi:~/orf$ for i in *; do exiftool $i  | grep Identification; done;
Identification            : Word 8.0
Identification            : Word 8.0
csi@csi:~/orf$ for i in *; do exiftool $i  | grep Creator; done;
Creator                   : pruchape (orf.local)
Creator Tool              : Adobe InDesign 16.1 (Windows)
Profile Creator           : Hewlett-Packard
Creator                   : Adobe InDesign 16.1 (Windows)
Creator                   : Michaela MS. S******
Creator Tool              : Adobe InDesign 16.0 (Windows)
Creator                   : Adobe InDesign 16.0 (Windows)
Creator Tool              : Adobe InDesign 16.0 (Windows)
Creator                   : Adobe InDesign 16.0 (Windows)
Creator Tool              : Adobe InDesign 16.0 (Windows)
Creator                   : Adobe InDesign 16.0 (Windows)
Creator                   : Verena K*****
Creator                   : Magda H***********
Creator                   : Silvia S********
Creator Tool              : Microsoft® Excel® 2016
Creator                   : Microsoft® Excel® 2016
Creator Tool              : Adobe InDesign 16.1 (Windows)
Creator                   : Adobe InDesign 16.1 (Windows)
Creator                   : Martina U*****
Creator                   : Martina U*****
Creator                   : W**** Daniela, FP 5
Creator                   : k****
```

```
Creator Tool              : Adobe InDesign 16.1 (Windows)
Profile Creator           : Hewlett-Packard
Creator                   : Adobe InDesign 16.1 (Windows)
```

Sie sehen an diesem Beispiel auch gut, dass einige Programme die Felder der Exif-Daten unterschiedlich nutzen. So finden wir manchmal den Namen des Erstellers eines Dokuments im Feld `Author` und den Namen der Person die diese Datei zuletzt bearbeitet hat im Feld `Last Modified By`. Im Feld `Creator` finden wir meist den Namen des Erstellers aber manchmal auch das Programm mit dem ein Dokument erstellt wurde.

Nachdem die Daten extrahiert wurden, müssen Sie also etwas Zeit investieren diese wiederordentlich zu sortieren bevor Sie damit weiterarbeiten können.

Außerdem lassen sich bereits aus Dateinamen nützliche Erkenntnisse gewinnen:

```
-rw-rw-r-- 1 csi csi  132758 Jan 21 10:36 nig211107_rezept100.pdf
-rw-rw-r-- 1 csi csi  188592 Jan 21 10:36 orf2_nig357_rezept100.docx
-rw-rw-r-- 1 csi csi   90949 Jan 21 10:36 zznadvent21_rezept100.pdf
```

In den Dateinamen finden sich die 3-Buchstaben Codes/Kürzel nig und zzn. User fügen nicht einfach wahllos 3 Buchstaben in Dateinamen ein – diese Codes müssen also eine Bedeutung haben. Können wir diese entschlüsseln oder entsprechend richtig in Social Engineering Angriffen verwenden, erhöht dies wieder unsere Chancen auf einen Treffer!

Aber auch die Exif-Daten eines Dokuments verraten uns einige Details:

```
Creator                   : Silvia S********
Keywords                  :
Description               :
Last Modified By          : Claudia K***
Revision Number           : 2
Create Date               : 2022:04:28 07:18:00Z
Modify Date               : 2022:04:28 07:18:00Z
```

Hier liegt nahe, dass Frau Silvia S. und Claudia K. Ende April 2022 in irgendeiner Form zusammengearbeitet haben. Finden wir diese Anzeichen häufig und haben wir ausreichend Dokumente können wir mit einer Analyse auch auf interne Strukturen schließen.

Ein sehr rudimentärer Ansatz bei so wenigen Dateien wäre:

```
csi@csi:~/orf$ for i in *; do exiftool $i  | egrep -h
"Author|Creator|Modified"; echo ""; done;
```

```
Author                    : w. k***
Last Modified By          : w. k***

Creator                   : Michaela MS. S*******
Last Modified By          : Thomas L******

Creator                   : Verena K*****
Last Modified By          : Verena K*****

Creator                   : Magda H***********
Last Modified By          : G***** Claudia, FP 5

Author                    : O****** David
Last Modified By          : A******* Katja MA, HD 1

Creator                   : Silvia S********
Last Modified By          : Claudia K***

Creator                   : Martina U****
Last Modified By          : Thimo K******

Creator                   : Martina U****
Last Modified By          : Julia S*******

Creator                   : W**** Daniela, FP 5
Last Modified By          : Daniela W****

Creator                   : k****
Last Modified By          : Gabriel N*********
```

Hierbei habe ich die irrelevanten Daten entfernt. Der Befehl egrep -h erlaubt es uns in der oben gezeigten Schreibweise nach Author oder Creator oder Modified zu suchen.

Sie sehen das Potential eines ausreichend großen Datensatzes anhand der von mir ausgeführten Analyse aller Dateien:

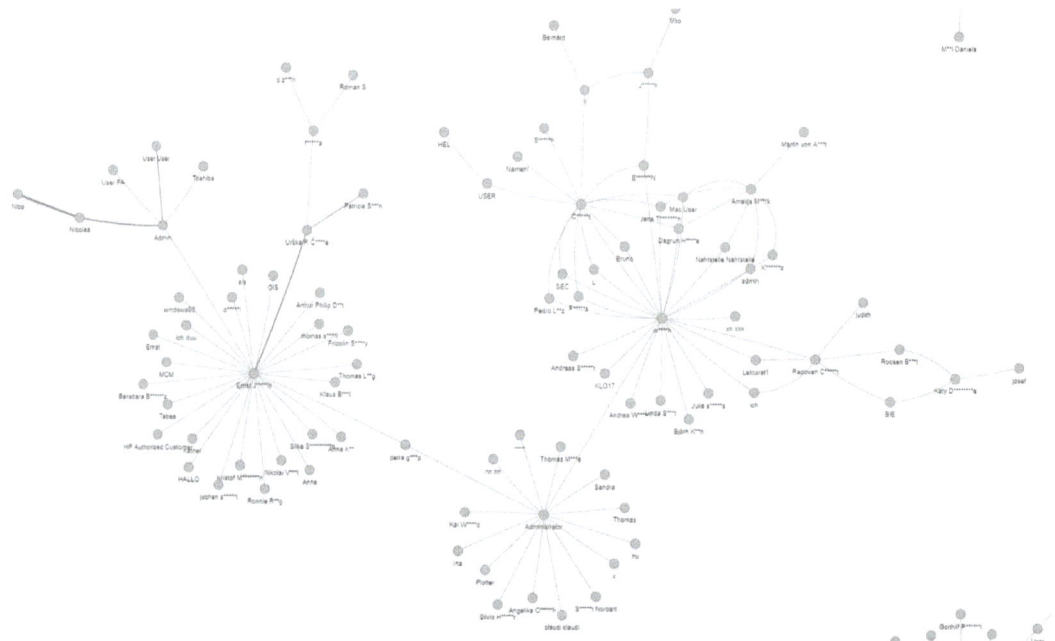

Dies ist nur ein Auszug aber es wird schnell klar, wie diverse Systeme/Personen zusammenhängen. Je mehr Daten wir haben umso besser werden die Ergebnisse.

Das Erstellen dieser Analyse war auch nicht sehr aufwendig. Zuerst habe ich alle Exif-Daten aus allen Dateien extrahiert und jeweils in eine eigene TXT-Datei geschrieben. Dann habe ich die TXT-Dateien alle in einen Ordner namens exif verschoben:

```
csi@csi:~/orf$ for i in *.*; do exiftool $i > $i.txt; done;
csi@csi:~/orf$ mkdir exif
csi@csi:~/orf$ mv *.txt exif/
```

Danach habe ich die Daten aus diesen Dateien mit folgendem Script gelesen, versäubert und dann visualisiert:

```python
import os
import codecs
import pandas as pd
import networkx as nx

from io import StringIO
from pyvis.network import Network

basefolder = "exif/"

# Step 1 - read data and sanitize
work_together = {}
files = os.listdir(basefolder)
for f in files:
    first_user = ""
    lsst_user = ""

    with codecs.open(os.path.join(basefolder, f), "r", "UTF-8") as fh:
        txt = fh.read().split("\n")

    for line in txt:
        if line.startswith("Author      "):
            first_user = line.split(":")[1].strip()
        elif line.startswith("Creator      "):
            first_user = line.split(":")[1].strip()
        if line.startswith("Last Modified By  "):
            last_user = line.split(":")[1].strip()

    # Skip data with unknown users or no connections
    if last_user == first_user:
        continue
    if first_user == "" or last_user == "":
        continue
```

```
# Calculate weights
idx = f"'{first_user}','{last_user}'"
if not work_together.get(idx, False):
    work_together[idx] = 1
else:
    work_together[idx] += 1
```

```
# Step 2 - generate CSV list and dataframe from csv
csv = "'first_user','last_user','weight'\n"
for key, val in work_together.items():
    csv += f"{key},{val}\n"

csvStringIO = StringIO(csv)
df = pd.read_csv(csvStringIO, sep=",", quotechar = "'")
```

```
# Step 3 - generate graph
G = nx.from_pandas_edgelist(df, source="first_user", target="last_user",
edge_attr="weight")
nw = Network(notebook=True)
nw.from_nx(G)
nw.show("orf.html")
```

Eine Einführung in Python würde den Umfang des Buches sprengen. Wenn Sie öfters Daten analysieren und visualisieren müssen, kann ich Ihnen nur wärmstens ans Herz legen Python zu lernen. Dazu empfehle ich Ihnen das Buch Programmieren lernen mit Python 3 (*ISBN 978-3746091297*).

Dennoch will ich interessierten Lesern die einzelnen Schritte kurz erläutern. Zuerst lesen wir in Schritt 1 (Step 1) die Daten Datei für Datei ein. Dann untersuchen wir jede Datei zeilenweise ob eine Zeile mit Author oder Creator beginnt und weisen den Wert hinter dem : dann der Variable first_user zu. Den Wert der Zeile Last Modified By weisen wir dann der Variable last_user zu.

Sollte nun `first_user` und last_user den gleichen Wert haben oder einer der beiden Variablen keinen Wert haben, überspringen wir diese Daten, da wir daraus keine Beziehung ableiten können. (*Abschnitt* "`Skip data ...`")

Im Abschnitt "`Calculate weights`" prüfen wir wie oft eine bestimmte Kombination vorkommt. Sollte eine bestimmte Person immer wieder Dateien erstellen, die von einer bestimmten anderen Person weiterverarbeitet werden, wollen wir diese Verbindungslinien in der Visualisierung stärker hervorheben.

In Schritt 2 (`Step 2`) erstellen wir eine CSV-Datei aus den zuvor ermittelten Werten. Diese Datei hat den Aufbau `'first_user','last_user','weight'`, wobei weight für die Häufigkeit der Verbindung steht.

Danach erstellen wir ein Pandas Dataframe aus der CSV-Liste.

In Schritt 3 (`Step 3`) benutzen wir dieses Dataframe um einen `networkx`-Grafen zu erstellen, welchen wir dann in `pyvis.network` laden, um daraus eine HTML-Datei mit einem zoom- und verschiebbaren Grafen zu generieren.

Sie sehen also die ganze Auswertung passiert in Schritt 1. Die Schritte 2 und 3 sind nur noch dazu da die Daten so umzuformen, dass wir diese in den verschiedensten Modulen nutzen können. Hier liegt auch die Stärke von Python – mit ein paar Datenkonvertierungen und einigen zusätzlichen Modulen lassen sich ansehnliche Auswertungen und Visualisierungen erstellen!

OSINT Frameworks

Bis dato haben wir einzelne Programme oder Webseiten genutzt oder einige wenige Tools Kombiniert. Dies ist zwar sehr gut um möglichst nahe an den Daten zu sein, aber auch sehr langsam und wir müssen uns auch überlegen wie wir Daten für eine spätere Berichterstattung sammeln.

Hier kommen OSINT Frameworks ins Spiel. Diese Tools ermöglichen es uns Daten automatisch zu erfassen, zu sammeln, zu filtern und weiterzuverarbeiten.

Ein recht bekanntes Tool ist Recon-NG:

```
csi@csi:~$ recon-ng
[*] Version check disabled.


  _/_/_/    _/_/_/_/   _/_/_/   _/_/_/   _/       _/          _/      _/    _/_/_/
 _/    _/ _/        _/          _/      _/ _/_/  _/          _/_/   _/  _/
_/_/_/   _/_/_/    _/          _/      _/ _/ _/ _/ _/_/_/_/ _/ _/ _/ _/ _/_/_/
_/   _/  _/        _/          _/      _/ _/   _/_/          _/   _/_/ _/      _/
_/    _/  _/_/_/_/   _/_/_/   _/_/_/   _/       _/          _/      _/   _/_/_/
```

Recon-NG wird ähnlich wie die `msfconsole` mit Befehlen gesteuert.

```
[recon-ng][default] > workspaces create orf
[recon-ng][orf] > help workspaces
Manages workspaces

Usage: workspaces <create|list|load|remove> [...]
```

Zuerst legen wir einen neuen Workspace an. Darin werden dann die ganzen Informationen gesammelt und verwaltet. Mit `help [BEFEHL]` erhalten wir eine kurze Information was ein bestimmter Befehl macht und welche Optionen er hat.

Mit

```
[recon-ng][orf] > marketplace search
```

Erhalten wir eine Liste aller verfügbaren Module. Hierbei benötigen einige Module zusätzliche Tools und wieder andere benötigen einen API-Key. Zur Übung installieren wir ein paar Module, die ohne API-Key funktionieren:

```
[recon-ng][orf] > marketplace install recon/companies-multi/whois_miner
[*] Module installed: recon/companies-multi/whois_miner
[*] Reloading modules...
[recon-ng][orf] > marketplace install recon/domains-hosts/hackertarget
[*] Module installed: recon/domains-hosts/hackertarget
[*] Reloading modules...
```

Wollen wir ein Modul benutzen, müssen wir es mit modules load ... laden. Der Befehl info zeigt uns die verfügbaren Optionen des jeweiligen Moduls:

```
[recon-ng][orf] > modules load hackertarget
[recon-ng][orf][hackertarget] > info

     Name: HackerTarget Lookup
   Author: Michael Henriksen (@michenriksen)
  Version: 1.1

Description:
  Uses the HackerTarget.com API to find host names. Updates the 'hosts'
table with the results.

Options:
  Name      Current Value   Required  Description
  ------    -------------   --------  -----------
  SOURCE    default         yes       source of input (see 'info' for
                                      details)
Source Options:
  default          SELECT DISTINCT domain FROM domains WHERE domain IS NOT
                   NULL
  <string>         string representing a single input
  <path>           path to a file containing a list of inputs
  query <sql>      database query returning one column of inputs
```

Sind wir in einem bestimmten Modul, können wir die Optionen (*Werte die das Modul für seine Arbeit benötigt*) setzen und das Modul mit `run` starten:

```
[recon-ng][orf][hackertarget] > options set SOURCE orf.at
SOURCE => orf.at
[recon-ng][orf][hackertarget] > run
[*] -------------------------------------------------
[*] Country: None
[*] Host: mims.orf.at
[*] Ip_Address: 194.232.104.8
[*] Latitude: None
[*] Longitude: None
[*] Notes: None
[*] Region: None
[*] -------------------------------------------------
[*] Country: None
[*] Host: ftp-weathersuite.orf.at
[*] Ip_Address: 194.232.72.162
[*] Latitude: None
[*] Longitude: None
[*] Notes: None
[*] Region: None
[*] -------------------------------------------------
... Ausgabe gekürzt ...
-------
SUMMARY
-------
[*] 321 total (321 new) hosts found.
```

Hierbei kümmert sich Recon-NG darum die gefundenen Informationen für uns zu speichern und zu verwalten. Wenn wir uns die soeben gefundenen Hosts anzeigen wollen, können wir dies mit dem nachfolgenden Befehl machen:

```
[recon-ng][orf][hackertarget] > show hosts
```

```
+----------------------------------------------------------------------------+
| row |     host     |    ip_addr    | region | country | lat | long | notes |    module     |
+----------------------------------------------------------------------------+
| 1   | orf.at       | 194.232.104.3 |        |         |     |      |       | hackertarget |
| 2   | access.orf.at| 81.16.149.213 |        |         |     |      |       | hackertarget |
... Ausgabe gekürzt ...
```

Neben den Modulen im Marketplace können wir auch selber Module schreiben oder Module anderer manuell einfügen. Dazu müssen wir diese Module nur in den passenden Unterordner in ~/.recon-ng/modules/ kopieren. Hierbei steht ~ für das Home-Verzeichnis des Linux-Users - zB:

```
csi@csi:~$ cd .recon-ng/modules/recon/domains-contacts/
csi@csi:~/.recon-ng/modules/recon/domains-contacts$ wget
https://raw.githubusercontent.com/schwankner/recon-ng-google-
search/master/google_search.py
csi@csi:~/.recon-ng/modules/recon/domains-contacts$ cd
csi@csi:~$ pip3 install pdfplumber
```

Hierbei habe ich auch noch das Python-Modul pdfplumber mit pip3 installieren müssen, da google_search.py dieses Modul benötigt um zu arbeiten.

Zurück in Recon-NG, müssen wir nur die Modul-Liste neu laden und dann können wir google_search verwenden:

```
[recon-ng][orf] > modules reload
[*] Reloading modules...
[recon-ng][orf] > modules load google_search
[recon-ng][orf][google_search] > options set SOURCE orf.at
SOURCE => orf.at
[recon-ng][orf][google_search] > options set LOCALE at
LOCALE => at
[recon-ng][orf][google_search] > run
[*] Country: None
[*] Email: kundendienst@orf.at
[*] First_Name: None
[*] Last_Name: None
```

```
[*] Middle_Name: None
[*] Notes: Source: https://orf.at/
[*] Phone: None
[*] Region: None
[*] Title: None
[*] ----------------------------------------------------
-------
SUMMARY
-------
[*] 1 total (1 new) contacts found.
```

Hiermit konnten wir auf den ersten paar Seiten in google.at zumindest eine Email finden. Wir können Daten die wir bereits kennen auch manuell einfügen. Dies ginge für eine Email wie folgt:

```
[recon-ng][orf] > db insert contacts ~~~123@orf.at~~~~~added manually
```

Hierbei steht contacts für die Tabelle und ~ wird hier als Feldtrenner benutzt. Dies ist nicht die schönste Schreibweise aber man gewöhnt sich daran. Die Felder rowid und module müssen hierbei ausgelassen werden!

Sehen wir uns an, ob das Einfügen geklappt hat:

```
[recon-ng][orf] > show contacts
```

Liefert:

rowid	first_name	middle_name	last_name	email	title	region	country	phone	notes	module
1				kundendienst@orf.at					Source: https://orf.at/	google_search
2				123@orf.at					added manually	user_defined

Recon-NG ist in Python geschrieben und einige Module verlangen, dass bestimmte Python-Module installiert sind. Eines davon ist metacrawler:

```
[recon-ng][orf] > marketplace install metacrawler
[*] Module installed: recon/domains-contacts/metacrawler
[*] Reloading modules...
```

[!]   Module   'recon/domains-contacts/metacrawler'   disabled.   Dependency
required: ''PyPDF3''.

Der Fehler Dependency required: PyPDF3 sagt uns, dass wir ein zusätzliches Python-Modul brauchen. Daher öffnen wir ein zweites Terminal um dieses Modul nachzuinstallieren:

```
csi@csi:~$ pip3 install PyPDF3
Defaulting to user installation because normal site-packages is not
writeable
Collecting PyPDF3
  Downloading PyPDF3-1.0.6.tar.gz (294 kB)
  ──────────────────────────────── 294.8/294.8 KB 4.2 MB/s eta 0:00:00
  Preparing metadata (setup.py) ... done
Requirement already satisfied: tqdm in
/home/csi/.local/lib/python3.10/site-packages (from PyPDF3) (4.64.0)
Building wheels for collected packages: PyPDF3
  Building wheel for PyPDF3 (setup.py) ... done
  Created wheel for PyPDF3: filename=PyPDF3-1.0.6-py3-none-any.whl
size=62864
sha256=06872be5876d444ae902ecb414e17196354c8c8dcb4df08411f1fff1ff288796
  Stored in directory:
/home/csi/.cache/pip/wheels/9b/07/f7/3dc48062f8a7d831e488b065f096d2f936c41
06e42863ab56f
Successfully built PyPDF3
Installing collected packages: PyPDF3
Successfully installed PyPDF3-1.0.6
```

Nachdem das Modul installiert wurde, können wir die Module in Recon-NG neu laden:

```
[recon-ng][orf] > modules reload
[*] Reloading modules...
```

Nun erhalten wir keinen Fehler mehr und wir können metacrawler benutzen:

```
[recon-ng][orf] > modules load metacrawler
[recon-ng][orf][metacrawler] > options set SOURCE orf.at
SOURCE => orf.at
[recon-ng][orf][metacrawler] > options set EXTRACT True
EXTRACT => True
[recon-ng][orf][metacrawler] > run
```

Die bereits bekannte Liste der Dateien erspare ich Ihnen aus Platzgründen an dieser Stelle. metacrawler wertet die Meta-Daten für uns aus und fügt gefundene Informationen in die Workspace-Datenbank ein.

Über Recon-NG könnte man problemlos ein eigenes Buch schreiben!

Ein weiteres sehr mächtiges Tool, dass Sie sich unbedingt ansehen sollten, wäre Maltego. Auch für dieses Tool brauchen Sie für den Großteil der Funktionen API-Keys um von diversen Diensten Daten abzurufen.

BERICHTERSTELLUNG

Eine OSINT-Untersuchung ist ein zeitintensives Unterfangen das in der Regel bestimmte Fragen beantworten oder die öffentliche Verfügbarkeit von Informationen nachweisen soll bzw. mit hoher Wahrscheinlichkeit ausschließen soll, dass bestimmte Informationen geleakt wurden.

Hierbei kommt es zu einem großen Teil auf den Auftraggeber an welche Informationen in welcher Form im Report wiedergegeben werden. Eine Firma die nach geleakten Daten suchen lässt interessieren die meisten technischen Details nicht – es geht primär darum was gefunden wurde und wo diese Informationen gefunden wurden.

Bei einem Fall bei dem es um strafrechtliche Verfolgung geht sind Daten, verwendete Tools und Programmversionen ebenfalls sehr wichtig genau wie die exakte Vorgehensweise. Ohne diese Informationen ist es viel schwerer für einen Experten der Gegenseite eventuell gefundene Diskrepanzen zu verstehen bzw. zu erklären. Was also für forensische Untersuchungen gilt, gilt auch hier!

Jeder Bericht sollte mit einer groben Zusammenfassung des Auftrags (*wer wollte das welche Daten wo genau gesucht werden, wurden bestimmte Informationen, Techniken, etc. ausgeschlossen, usw.*) beginnen. Ich finde es sehr wichtig kurz nochmals zu erklären unter welchen Voraussetzungen, mit welchen Einschränkungen und zu welchen Fragestellungen ein Bericht geschrieben wurde.

Der nächste Punkt sollte ein grober Gesamtüberblick über die gefundenen Daten und die Schlüsse die Sie daraus ziehen sein. Diese Zusammenfassung ist zB wichtig um einen schnellen Überblick zu erhalten. Oftmals arbeiten mehrere Personen mit derartigen Berichten und die Marketingabteilung braucht zB keine technischen Details oder detaillierten Daten – sie muss nur grob wissen was passiert ist um sich mit einem eventuell entstandenen Image-Schaden zu beschäftigen.

Die Geschäftsleitung braucht ebenfalls keine Details, sondern nur einen Überblick und eine Einschätzung von Gefahren oder möglichen Folgen.

Techniker die die Informationslecks schließen sollen oder die Rechtsabteilung die sich um die Löschung bestimmter Daten von diversen Plattformen kümmern muss, brauchen mehr Details um Ihre Aufgabe erfüllen zu können. Je nach dem worum es sich bei der

Untersuchung handelt, gilt dies auch für externe Nutzer an die der Auftraggeber die Daten weiterreicht – Polizei, Datenschutzbeauftragte, usw.

Vor allem wenn Berichte an Personen weitergereicht werden die weniger technisch versiert sind, ist es wichtig, dass jeder Schritt genau dokumentiert ist damit Ermittler oder Anwälte diese auch genau nachvollziehen können.

Ich persönlich finde es gut in derartigen Berichten kurz und bündig anzuführen welche Spuren ausgeschlossen werden konnten. Stellen Sie sich vor Sie beginnen eine Untersuchung mit einem Usernamen. Dann führen Sie bei der Detailbeschreibung der einzelnen Untersuchungsschritte zB an welche Dienste / Webseiten / Programme genutzt wurden um den Usernamen zu prüfen.

Sie können beispielsweise anführen, dass Sie WhatsMyName.app genutzt haben um den Usernamen auf diversen Plattformen zu überprüfen. Ich würde hierbei einen Bildschirmausdruck oder ein Bild der Webseite zum damaligen Zeitpunkt in den Report oder als Anhang einfügen.

Erklären Sie welche Accounts Sie aus welchem Grund mit dem Usernamen bei einer genaueren Prüfung in Verbindung gebracht haben und verweisen Sie auf die Beschreibung dieser Funde aber vergessen Sie nicht wenigstens zu erwähnen welche Accounts ausgeschlossen werden konnten und welche Accounts weder bestätigt noch ausgeschlossen werden konnten. Ich würde in so einem Fall nach den relevanten Funden beispielsweise folgenden Absatz anfügen:

Bei der genaueren Betrachtung der Accounts konnten die Konten mit dem gesuchten Usernamen bei den folgenden Diensten ausgeschlossen werden:

- Facebook
- Twitter
- Reddit

In der gleichen Form können Sie dann die Konten anführen die nicht bestätigt aber auch nicht ausgeschlossen werden konnten.

Derartige Untersuchungen werden schnell zu einem Streitfall und Ihr Bericht kann dann auch schnell als Beweis vor Gericht landen. Gerichte sind in der Regel nicht die schnellsten und wenn Sie 2 Jahre nach der Berichterstellung als Zeuge geladen sind, kann es durchaus nützlich sein, dass Sie explizit vermerkt haben, dass im obigen Beispiel Facebook, Twitter und Reddit geprüft und ausgeschlossen wurden. Zumindest kann man Sie dann nicht mit derartigen Nachfragen aus dem Konzept bringen.

Mehr sollte man bei den Sackgassen allerdings nicht machen – niemand will sich durch einen 870 Seiten langen Bericht durcharbeiten in der jede Spur minuziös aufgeführt wird bis diese dann in einer Sackgasse endet!

Die zuvor genannten Screenshots bzw. PDF-Drucke der Seiten belegen dann auch nach Jahren oder Monaten die Situation zu dem damaligen Zeitpunkt. Die Chance ist bei OSINT sehr hoch, dass sich die Ergebnisse unterscheiden, wenn ein anderer Experte Ihre Arbeit prüft.

Aber auch bei den relevanten Funden sollte man sich auf das wesentliche beschränken – wenn wir in einem Forum eine 30-seitige Diskussion zu einem Thema finden bei der der gesuchte User mehrfach gepostet hat reicht es die Seite(n) mit den relevanten Posts anzufügen. Stellen wir uns vor wir fanden eine Diskussion über eine Thermokamera worin es um diverse Updates und alternative Firmware geht – dann brauchen wir nicht die ganze Diskussion, sondern nur den Post bzw. die Seite mit dem Post in dem der User nebenbei erwähnt, dass er im März 2020 seine ITC-Zertifizierung in München gemacht hat.

Das reicht aus, um dann den Usernamen mit einer Liste von Namen des ITC-Lehrgangs von März 2020 in Verbindung zu bringen!

Danach könnten wir im nächsten Schritt beschreiben wie wir dann alle diese Namen in Facebook gesucht haben und eine der Personen dem Profilbild des gesuchten Usernamens entsprach. Womit wir quasi unser theoretisches Beispiel vom Usernamen bis zur Offenlegung des richtigen Namens weitergeführt hätten.

Wichtig ist hierbei, dass die einzelnen Schritte bis zu einem Ergebnis klar dokumentiert sind und jeder der Schritte nachvollziehbar ist. Außerdem schadet es niemals gefundene Daten mit ein oder zwei weiteren Quellen gegenzuprüfen bzw. von diesen bestätigen zu lassen.

WEITERE TOOLS UND INFORMATIONEN

OSINT ist ein Bereich in dem sich in kurzer Zeit sehr viel verändern kann.

Die Grundsätzliche Methodik, die Sie in diesem Buch gelernt haben ändert sich nicht aber dafür Tools, Webseiten und Datenbanken!

Daher will ich Ihnen an dieser Stelle einige Informationsquellen nennen, die Ihnen neue Tools und Alternativen für nicht mehr nutzbare Tools liefern. Verlassen Sie sich aber nicht auf diese Listen – da dies Großteils private Projekte von einzelnen Personen oder kleineren Gruppen sind, hängt die Aktualität der Listen davon ab wieviel Zeit diejenigen für Ihre Projekte erübrigen können.

Sie haben einiges über die effiziente Nutzung von Suchmaschinen gelernt... Nutzen Sie Ihr Wissen um nach Tools, Anleitungen, Tipps, Tricks und weiteren Informationsquellen zu suchen!

Die zuvor erwähnten Listen von Tools wären:

- `https://github.com/jivoi/awesome-osint`
- `https://github.com/cipher387/osint_stuff_tool_collection`
- `https://osintframework.com/`
- `https://www.technisette.com/p/tools`
- `https://inteltechniques.com/tools/index.html`

Abgesehen davon bieten folgende Seiten nützliche Informationen und Tutorials:

- `https://www.technisette.com/p/tutorials`
- `https://sector035.nl/articles/category:week-in-osint`
- `https://nixintel.info/`
- `https://osintcurio.us/`

`OSINTCurio.us` unterhält neben der Webseite mit vielen nützlichen Informationen auch einen Discord-Server auf dem man sich mit der Community austauschen kann:

`https://discord.gg/FHagzwXqbT`

Hier findet sich so einiges von Vorstellungen neuer Tools, Datenbanken, etc. über interessante CTFs um die eigenen Fähigkeiten zu verbessern bis hin zu Jobangeboten.

Die OSINT-Community ist in der Regel sehr hilfsbereit und sollte man ein Tool suchen oder in einer Sackgasse steckengeblieben sein, wird einem gerne mit Tipps oder Denkanstößen geholfen.

Die meiner Meinung nach beste Methode sich weiterzuentwickeln ist es bei CTFs (*Capture the flag*) mitzumachen. Hierbei wird Ihnen ein herausforderndes Szenario präsentiert, dass Sie lösen müssen.

In diesem Sinne wünsche ich Ihnen viel Spaß auf Ihrer weiteren Reise immer tiefer in den "Hasenbau" des Internets...

```
(\_/)
(>.<)
(")_(")
```

BUCHEMPFEHLUNGEN

19,90 EUR
ISBN: 978-3748165811
Verlag: BOD

Python ist eine leicht zu erlernende und dennoch eine sehr vielfältige und mächtige Programmiersprache. Lernen Sie mit der bevorzugten Sprache vieler Hacker, Ihre eigenen Tools zu schreiben und diese unter Kali-Linux einzusetzen, um zu sehen, wie Hacker Systeme angreifen und Schwachstellen ausnutzen. Durch das Entwickeln Ihrer eigenen Tools erhalten Sie ein deutlich tiefgreifenderes Verständnis, wie und warum Angriffe funktionieren.

Nach einer kurzen Einführung in die Programmierung mit Python lernen Sie anhand vieler praktischer Beispiele die unterschiedlichsten Hacking-Tools zu schreiben. Sie werden selbst schnell feststellen, wie erschreckend einfach das ist.

Durch Einbindung vorhandener Werkzeuge wie Metasploit und Nmap werden Skripte nochmals effizienter und kürzer.

29,90 EUR
ISBN: 978-3751969925
Verlag: BOD

In diesem Buch versuche ich dem Leser zu vermitteln, wie leicht es mittlerweile ist, Sicherheitslücken mit diversen Tools auszunutzen. Daher sollte meiner Meinung nach jeder, der ein Netzwerk oder eine Webseite betreibt, ansatzweise wissen, wie diverse Hackertools arbeiten, um zu verstehen, wie man sich dagegen schützen kann. Selbst vor kleinen Heimnetzwerken machen viele Hacker nicht halt.

Wenngleich das Thema ein sehr technisches ist, werde ich dennoch versuchen, die Konzepte so allgemein verständlich wie möglich erklären. Ein Informatikstudium ist also keinesfalls notwendig, um diesem Buch zu folgen. Dennoch will ich nicht nur die Bedienung diverser Tools erklären, sondern auch deren Funktionsweise so weit erklären, dass Ihnen klar wird, wie das Tool arbeitet und warum ein bestimmter Angriff funktioniert.

IT-Forensik ist ein sehr spannendes und immer wichtiger werdendes Betätigungsfeld. Dieses Buch soll Einsteigern und Interessierten einen Überblick über die Arbeitsweise, Tools und Techniken geben und als Leitfaden und Nachschlagewerk für die ersten Schritte in diesem Bereich dienen. Lernen Sie wie digitale Spuren gesichert, archiviert und ausgewertet werden...

29,99 EUR
ISBN: 978-3755758976
Verlag: BOD

Zu keinem anderen Teilbereich in der IT grassiert so viel Halbwissen wie bei Datenrettungen!

Ich will mit diesem Buch interessierten die Grundlagen und wichtigsten Zusammenhänge so verständlich wie möglich nahebringen und ein grundlegendes Verständnis für die Vorgänge im inneren der Datenträger schaffen.

Dabei zeige ich Ihnen Schritt für Schritt, welche Tools für welche Probleme geeignet sind.

Neben logischen Problemen behandeln wir das Klonen mit spezieller Hardware, Firmware-Probleme und Reinraum-Datenrettungen.

89,90 EUR
ISBN: 978-3755759324
Verlag: BOD

Dieses Buch ist eine komplette Einführung in die Arbeit als professioneller Datenretter.